あそびなかまの教育力

大阪保育研究所編
札内敏朗
十船越勝
Fudauchi Toshirou＋Funagoshi Masaru

発刊にあたって

二一世紀の扉を開く、学童保育実践が出版されることになりました。執筆者は札内敏朗さんです。札内さんは、大阪保育研究所創設（一九八〇年四月）以来常設されている学童保育実践研究会のメンバーです。私と札内さんとの出会いも、学童保育実践研究会でした。今年で二〇年のおつきあいになります。

大阪保育研究所は、一九七九年「国際児童年」を記念して子どもに最良の贈り物をしようと、保育・学童保育関係者が考えて寄付とカンパにより設立しました。研究所は保育・学童保育の運動や実践の課題を、研究者・専門家・保育者・指導員・父母みんなが共同で解明し、実践や運動を切り開くために設立されました。研究会が四年間の白熱した実践報告と検討をまとめ『燃える放課後』として出版し、第一期の活動を終えました。当時札内さんは、経験四年と若々しく草刈正雄に似た青年指導員でした。まだまだおばちゃん指導員（最近は若い指導員も増えましたが）が多い中で、学童保育ではちょっと見かけない、サッソウとした印象を与える青年でした。子どもがあこがれる指導員だなと思ったのが私の第一印象です。研究会はその後一時中断しましたが、一九九六年から再開し、今日に至っています。今回、札内さんが執筆した本書は再開した研究会での報告がもとになっています。

研究会で札内さんは、自らも実践を報告しますが、初めて指導員になった人の実践からもベテランといわれる人からも学ぶところがある、との考えでよく質問をしていました。問題を抱えた実践でも、自分の実践と重ね合わせて問題点を指摘するので、報告者も納得するといった、実践におけるリーダー的な存在でもあります。自らの実践においてもあそびと指導、とりわけ指導にこだわって工夫を重ねた実践をしてきています。

近年、指導を軽視し受容・共感を無限定に強調する風潮に対し、指導にこだわり、指導と受容・共感の関係を明らかにするなかで指導のゆたかさを見出そうと、意欲的に実践を展開しています。私のような淡白な人間から見ると、疑問にとことんこだわり得心するまで追求する札内さんをうらやましく思うことがよくあります。

札内さんの〝こだわり〟は実践にかぎりません。大阪市が公的に学童保育を実施せず、児童健全育成事業一般に解消しようとするなかで、公的学童保育実現のための「学童保育条例案の制定を求めた直接請求書名」運動でも旭区の中心メンバーとして活動しました。また、大阪市学童保育指導員労働組合の中心として組合運動を担ってもいます。

実践も運動も〝こだわり〟、一途に努力する人が生み出した実践です。お読みいただけば、きっと子どものことや指導について立ち止まり、考えさせてくれることがいっぱいあることと思います。

大阪保育研究所　杉山　隆一

はじめに

私は今、四四歳。一九歳の娘と一五歳の息子がいます。二九歳のときに下の子が生まれ、私は学童保育の指導員の仕事を辞めるつもりでいました。二人の子どもの父親になり、当時給料は手取りで一〇数万円でした。「これでは、とてもやっていけない」と、ＯＢの父母や大学時代の先輩と相談するなかで、電話一本すれば転職というところまできていました。当時はまだバブルがはじけておらず、その気になればいくらでも転職ができる状況でした。

でも、学童保育の子どもたちの笑顔や親たちの励まし、指導員なかまの連帯を思う時、電話の前で考え込む私は、ダイヤルを回しませんでした。そして、学童保育の指導員を生涯の仕事とする決意を徐々に固めていくのでした。

それから数年後、マスコミを大きく騒がせた、男子高校生が女子学生に乱暴を繰り返したうえ、その女子学生をコンクリート詰めにしてしまう事件に遭遇しました。私は、「こんな青年に育ってはいかん」と強く思いました。今も、心を痛めるような青少年の事件は後を絶つどころかますます数も増え、中身もより深刻になってきている現実があります。今、思春期、青年期を迎える子どもたちの心には、「どうせ、僕なんか」「どうせ、私なんか」という思いが蔓延していると言います。「どうせ、まともな就職ができるわけじゃなし」「どうせ、オレの人生なんか」と投げやりにならざるをえないような厳しい現実もあります。

私は、こんな時代なだけによけいに「オレもなかなかのもんや」「私もすてたもんやない」「友だちって、いいもんやなー」「生きるって、すばらしいなー」という思いを心に宿せるような青年に育ってほしいと強く思うようになってきました。

そのうえで、自分には何ができるのかと考えました。学校の先生たちは、学校教育という畑で子どもたちを育てていってくれている。自分は二部の大学時代から続けてきたこの学童保育の指導員の仕事を通じて、子どもたちに豊かな放課後を保障するなかで、やさしさ・たくましさを育んでいきたい、学童保育を巣立っていった子どもたちが、自己肯定感をしっかり持てる青年に育っていってほしいと願うようになりました。

私がそんな思いを温め始めたのは、ちょうど同じころに自分の学童保育の子どもたちにも大きな変化を感じ始めていたからです。

私の少年時代は、一九六〇年代。当時はまだ、地域にはあそび文化を伝承する自立した異年齢の子ども集団がありました。私が指導員を始めたのは、大学の一回生のとき、一九七六年でした。そのころになると、地域に異年齢の子ども集団がなくなり、子どもたちが「遊ばなくなった」「遊べなくなった」と、いろんな機会に語られていました。でも、当時の多くの子どもたちは、まだ、学童保育で異年齢集団の機会が得られると、それなりに自分たちで五名、一〇名のあそびの輪をつくることができました。

学童保育の子どもの姿に私が大きな変化を感じた始めたのは、一九八〇年代の後半ごろからです。それは、我が家に二人目の子が生まれ、指導員を続けるかどうかの思案に苦しみ、指導員の仕事を続ける決意を固め始める時期と重なっていたのです。

学童保育にたくさんの異年齢のなかまがいても、子どもたちのつながりがかんたんには育っていかないことを感じ始めたのです。放っておいたのでは、一人ぼっちの子や小グループがたくさんできてしまうような気配を感じるようになりました。子どものなかま意識を育てていくことにむずかしさを感じ始めたのです。さらに、ちょっとした出来事ですねてしまったり、すぐに「キレ」てしまうなど、感じやすくもろい子とでもいえばいいのでしょうか、そんな子どもの姿がとても気になり始めました。かつては、指導員や上級生たちが何か新しいことをやり始めると、できなくても、「やらせてやらせて」とうるさいくらいに言ってくる子がいたものですが、そんな子どもの意欲の育ちにも幼さを感じ始めました。

「どうせ、やってもおもしろないもん」「どうせ、やってもでけへんもん」「どうせ、わかってくれへんもん」「どうせ、よせてくれへんもん」とまあ、そんな思いを宿し始める子どもの姿が気になり始めたのです。

学童保育の子どもたちには、そのような思いではなく、「僕もやればできる」「私もやればできる」

た。

「友だちって、いいもんやなー」という思いを、どの子にも宿してあげたいと願うようになりまし

太子橋学童保育に、今、二九歳になる雅一君というOBがいます。雅一君が中学三年生の二学期になった時、お母さんが体を悪くされ入院されます。そのとき、受験真っ只中だった彼は、依存できる存在を失い学校を休み始めます。そのことを学童保育のOBである堀北君が「先生、からっちょ、このごろ、学校休んどんねん」と教えてくれました。私はさっそく雅一君の家に行きました。秋葉英則先生（大阪教育大学）から「札内、お前から学校の話したら、あかんねんぞ。『学校に行きや』なんて言うたらあかんねんぞ。……」などとアドバイスを受けながら、週に一、二回くらい、雅一君に会いに行きました。ボウリングに行ったり、バッティングセンターに行ったり、そして、全部で二八巻あった当時私が大好きだった漫画『がんばれ！元気』をその都度一、二巻ずつ持っていってあげました。そして、秋葉先生が「行くとしたら、三学期の始めとか、切れ目のいいときから行き始めるぞ」と言われたとおり、彼は三学期の初めから学校に行き始めました。当時彼は、お母さんに「お父さんが二人いるみたいや」と言ったそうです。

彼は無事高校に入学し英語が大好きになり、卒業後、金沢にある大学に入学します。入学後、しばらくして英検の二級もとり、大学時代に四年間続けて一ヶ月を超えるようなヨーロッパなどへの外国旅行をします。私が指導員を続けることを心に決めたころ、雅一君は大学三年生のお正月に、

彼女の写真を持って私の家に遊びにきました。そして、二〇歳になる青年がまじめに私に聞いてくるのです。

「日本の大人って、一番大事にするのはお金やろ。でも、ヨーロッパの大人が一番大事にするもんて、何やと思う」と聞いてくるのです。私もまじめになって考えていると、「先生、ヨーロッパの大人が一番たいせつにするのは、愛やで」「二番目はな、夢やで」「お金なんか、その次やで」と言うのです。

この彼のことばには感動してしまいました。今このことばを思い出す時、まずはお金で、愛や夢を二の次三の次にする日本の大人社会が、子どもたちを「どうせ、僕なんか」「どうせ、私なんか」「どうせ、僕の人生なんか」という思いにさせ、子ども社会から愛と夢を奪ってしまったのではないだろうかと考えるのです。

彼は今職場で、得意の英会話の力を生かし、日本と東南アジアを行き来する国際的な仕事についています。そして四年前、結婚したといううれしい知らせを送ってきてくれました。

私は今、雅一君の言った「愛」は「友だちって、いいもんやなー」という思いに、「夢」は「僕もやればできる」「私もすてたもんやない」という思いに通じるなあと、思うのです。そして、学童保育を巣立っていた子どもたちが、いや日本中の子どもたちが「僕もなかなかのもんや」「私もすてたもんやない」「友だちっていいもんやなー」「生きるって、すばらしいことやなー」という思いを抱け、まず愛と夢をたいせつにできるような青年に育っていくために、学校教育の中身や保育所・幼稚園、そして、学童保育の制度がもっともっと充実するような社会を築いていきたいという思いを強くするのでした。

本書は、そうした願いをもってこの間の実践をまとめたものです。なかまとあそびのなかで、子どもたちがどう育っていったのか、そこでの指導員の果たす役割に焦点を当てて整理してみました。学童保育の生活があそびにとどまらず、さまざまな活動が展開されることはいうまでもありませんが、本著の第一章・二章・三章では、太子橋学童保育のあそびの指導に焦点をあててまとめてみました。学童保育の生活のなかで、自分たちの力で豊かなあそびの世界を創り出していける子ども集団に育てていくうえで　あそびや行事・とりくみの指導のなかでたいせつにしたいことを、この二～三年間の太子橋学童保育の実践をとおして述べてみました。第四章では、学童保育の生活をとおして、なかまのなかで育ち合う子どもたちの成長のあしあとを追ってみました。

二〇〇一年七月

札内　敏朗

子どもたちの人数構成と指導員体制

太子橋第一学童保育と太子橋第二学童保育は、父母と職員が共同して運営にあたる、いわゆる共同保育所方式です。この実践記録は、とくにこの2年間の実践をまとめたものなので、この時期の人数構成と指導員体制を記しておきます。

第一学童と第二学童は常に協力し合って、指導員も毎日いっしょに打ち合わせもするので、二つの学童を合わせた人数を記してあります。

＜１９９９年度＞

	1年	2年	3年	4年	5年	6年	
男子	5人	5人	4人	5人	3人	1人	
女子	7人	3人	0人	1人	1人	1人	
計	12人	8人	4人	6人	4人	2人	36人

＜２０００年度＞

	1年	2年	3年	4年	5年	6年	
男子	1人	5人	5人	4人	5人	3人	
女子	3人	7人	2人	0人	1人	1人	
計	4人	12人	7人	4人	6人	4人	37人

＜指導員＞

第一学童	白木　正美（3年目）	谷川　悦章（3年目）
第二学童	中嶋　慶子（10年目）	札内　敏朗（26年目）

目　次◉あそびなかまの教育力

〈解説〉

装幀／山田道弘
本文カット／札内ゆうき・横畠あずさ

第一章

「自由あそび」の指導のなかでたいせつにしたいこと

私は、あそびは学童保育での活動の大きな柱であると考えています。子どもたちが「今日、学童にいったら、○○ちゃんたちと、～しよ」と、そんな弾むような思いを持って通ってくるような生活づくりをすすめていくうえで、あそびの活動がどのように展開されるのかが、とりわけ重要です。一人ひとりの子どもたちの、やりたくてしかたがないあそびの世界が豊かにふくらんでいくような生活が求められていると言えます。

そして、子どもたちのなかにあそびを工夫し発展させていく力を育てながら、自分たちの力で豊かなあそびの世界を創り出せる子ども集団に育てていきたいと考えています。

あそびの指導をすすめていくうえでは、次の三つのことをたいせつにしています。

一、手指や体と心をしっかり動かすようないろんなあそびのおもしろさを知る

二、みんなと遊ぶことのおもしろさ、いろんな友だちと遊ぶことのおもしろさを知る

三、自分たちの力で遊びきる力を育てる

この章では、私たちがとくに「自由あそび」を指導していくうえでたいせつにしていることを述べてみます。

1 あそびの指導をすすめるにあたって

(1)「今日、学童に行ったら、○○ちゃんたちと、~しよ」

今から一九年前の一一月、大阪市内のドッジボール大会に向けて、子どもたちは毎日のようにドッジボールをしていました。そのなかでも、とくにドッジボールが大好きなはずのやっちゃん②(注・以下子どもの名前の後の①は一年生、②は二年生……と、学年を意味します)とたかお君③が、二日間続けて学童保育を休んだのでした。

その二日目、学童保育に帰ってきた布浦君②が、「やっちゃんとたかお君なあ、中公園で基地作りして遊んでんねんでえ」と教えてくれました。さっそく、一・二年生の三人といっしょに中公園へ行ってみました。一一月の末ですから、中公園の林のなかには枯葉がたくさん落ちています。二人はその枯葉を拾い集めて、積み上げては砂をかけ、また枯葉を積んでは砂をかけて壁にし、基地を作って遊んでいました。それはもう、のびのびと楽しそうに見えました。

〈また、えらいおもしろいことをやり始めたなあ〉と思いつつ、いっしょに来た一・二年生に「基地作りやりたいか?」と聞くと、三人ともあたりまえやんという表情で「うん」とうなずきました。二人が生きいきと遊ぶ姿と、三人の反応を見て、〈基地作りがやりたいけど、学童に行ったらドッジボールの練習せなあかんから、学童休もう〉と、学童保育でのあそびの世界が、いつの間にか制約されたものになっていたのではと反省させられました。

枯葉のたくさんあるこの時期を逃しては、基地作りはできない。一方で、ドッジボールも五年間の積み上げがあり、子どもたちのなかに優勝したいという気持ちがあるのも事実でした。

そこで、公園に二人を残したまま戻って、布浦君たちに「今日、基地作りやりたいか?」(私)「えっ、やってもいいの」(布浦君)「そらそや、学童ではみんなのやりたいことやったらいいねんでえ」(私)と働きかけました。

おやつのときのあそびの話し合いでは、三人と指導員の話を聞いて、半分以上の子が枯葉の基地作りに手を上げました。一方で「ちゃんと練習せな、優勝でけへんでー」(まさき君⑥など)という意見も三人から出されました。「とにかく、一回見に行こう」(私)ということにし、中公園での二人の基地作りを見ながら、また、そこで輪になって話し合いました。結果、全員が基地作りに決まりました。

さっそく、二つのグループに分かれると、子どもたちは、最後に枯葉を一か所に集める役、袋に入れて基地まで運ぶ役、枯葉を積んで砂をかけて壁を作っていく役に分かれて、どんどん基地はできあがりました。その日の帰り道、二人に「なんで学童休んだんや?」と聞くと、「だって、学童行ったらドッジするんやろ」とたかお君。「僕たち基地ごっこしたかってんから、なあ、たかお君」とやっちゃん。

この枯葉の基地作りは、その日から五日間続き、日曜日も何人かの男の子が約束をして中公園に集まり、続きをするというあそびに発展しました。

私自身にとってこの話は、「学童に行ったら、〜せなあかんもん」でなく、「今日学童行ったら、○○ちゃんたちと、〜しよ」という思いをもって子どもたちが毎日通ってこれるような生活づくりをめざすという問題意識にこだわる出発点となった実践です。

しかし、その後の約二年間、あそびの指導をめぐって、大きな課題を残していたのです。

それは、おやつの後のあそびを、みんなが帰ってくるのが遅い火曜日は「自由」、ほかの五日間は「集団あそび」と称して全員で遊ぶことを前提とした形態を、それまで約五年間も固定化していたことです。

■あそびと行事・とりくみを区別してとらえることのたいせつさ

子どもにとって、自由な活動であり、自発的な活動であるあそびのなかで、子どもたちが全員が

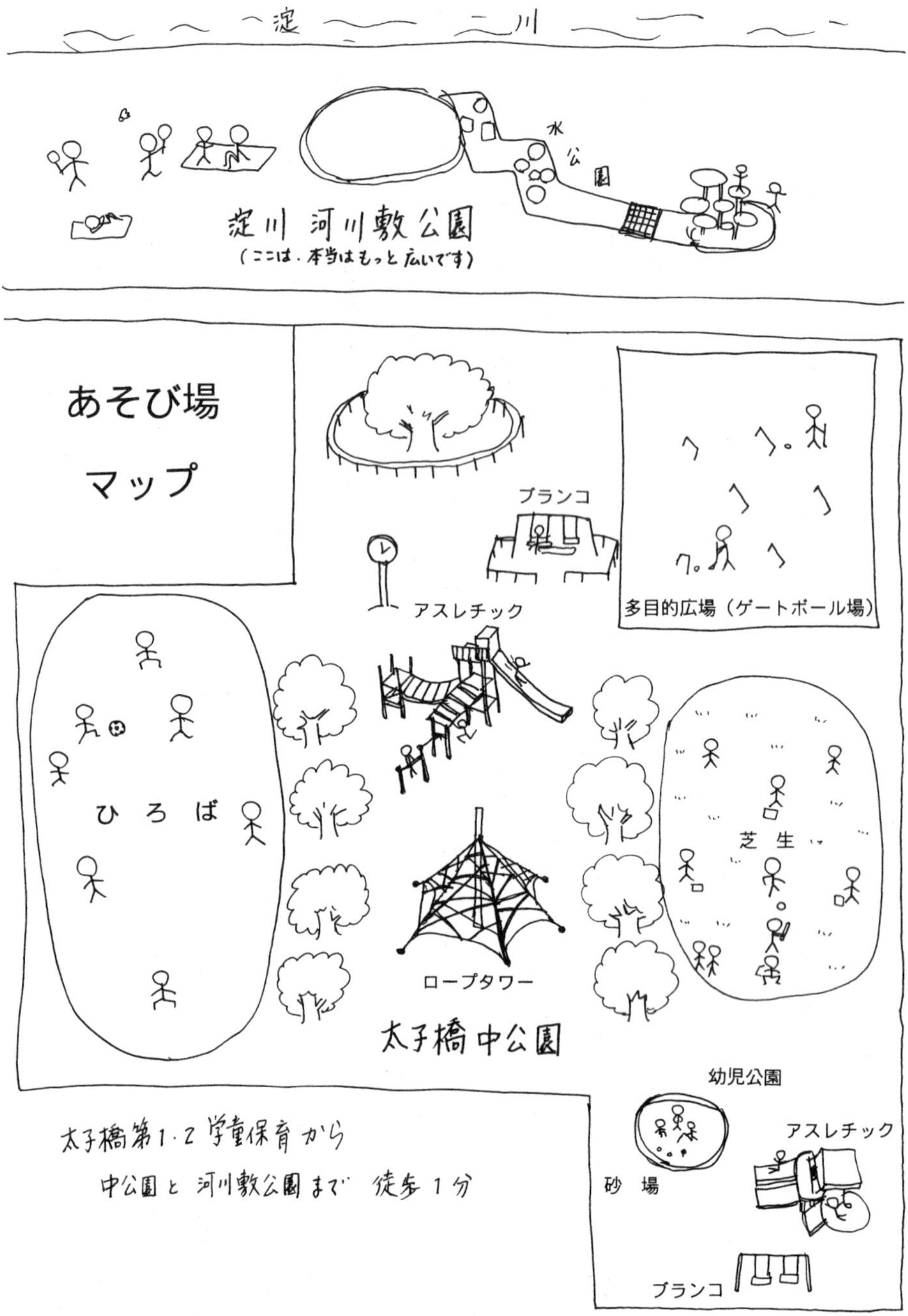

淀川
水公園
淀川 河川敷公園
（ここは、本当はもっと広いです）
あそび場マップ
ブランコ
アスレチック
多目的広場（ゲートボール場）
ひろば
芝生
ロープタワー
太子橋中公園
幼児公園
砂場
アスレチック
ブランコ
太子橋第1・2学童保育から
中公園と河川敷公園まで 徒歩1分

常に同じことがやりたいということになるはずがありません。毎日、全員で遊ぶことが固定化されているのでは、あそびが子どもらにとってやらせてもらう活動の域を脱しきれない、という問題意識にようやくたどりついたのでした。

私は、子どもたちにとって、自由にすごせる時間に展開している活動、それがあそびだと考えています。これまで、多くの指導員たちがその活動のことを「自由あそび」と呼んできました。あそびというのは、そもそも自由な活動であるのに「自由あそび」という表現を使うのには少し抵抗を感じつつも、わかりやすいと思うので、この本でも「自由あそび」ということばを使っています。

私は、「自由あそび」＝あそびだと考えています。行事はもちろんですが、全体あそび（「集団あそび」とよく呼ばれることがある）や班あそび、母の日のプレゼント作りや運動会に向けた練習など、みんなで取り組もうとするいわゆる「とりくみ」は、あそびとは質の違う活動として区別してとらえることが、とてもたいせつだと考えています。本書ではそれらの活動のことを「とりくみ」とおさえています。

「自由あそび」も「とりくみ」も子どもたちにとって同じ質の活動だ、ととらえられてはいないでしょうか。毎日のように全体あそびを取り組んでしまったり、行事やとりくみに追われてしまうような生活におちいらないようにするうえで、あそびと行事・とりくみをしっかりと区別してとらえることは、とてもたいせつなことだと私は考えています。そして、日常の生活では、「自由あそび」の時間をしっかりと保障し、その活動の中身を豊かなものにしていくことのたいせつさを、まず強調しておきたいと思います。

(2) みんなで遊ぶことのおもしろさをどうとらえるのか

今から八年前（一九九三年の春）、新一年生として五人の女の子と五人の男の子が入所してきました。この五人の女の子たちは、二人組で遊んでいるときはいいのですが、ほかの子や他学年の子が入って、三人、四人と増えてくると、もめごとが毎日のように起こりました。なかまはずれにされたといってはすねて泣き出す子がいたり、「もう帰る」といって家のほうに向かって歩き出す子がいたりしました。

そんな女の子たちも二学期になると、一年生同士なら女の子四、五名で、色鬼や高鬼、カンけりなどのあそびが楽しめるようになりました。三学期になると、あそびのなかに男の子や二年生以上の子が入ってきても、「先生、やめていい？」と途中で抜けていくことも少なくなりました。

一月、五人のなかの一人智恵ちゃんが、こんな作文を書きました。

一年　竹中智恵

きょう、ちえは、ぶらんこおにとしまとりをしてあそびました。
ぶらんこおにをしたひとは、しーちゃんとこうたくんとさなえちゃんといずみちゃんとじゅんくんとなおちゃんとよっちゃんとせいちゃんでやりました。おもしろかったです。なぜかというと、ぜーいんでやるほうがおもしろいから、なぜぜーいんでやるほうがいいといいますと、ひとりでやったら、おもしろくないから、みんなでやったほうがいいんだよ。せんせいわかる。せんせいやったらわかるとおもうで、それぐらいわかるやんな。

しまとりをしてあそびました。おもしろかった。わけは、みんなでやったからです。だれとやったかというと、だいちゃんとこうちゃんとけいたくんとなおちゃんとちえでやりました。またやりたいとおもいます。せんせいまたやろな、きょう、いっぱいやったろう。

おわり、それでは、さようなら。

このころ、太子橋学童保育には第一、第二合わせて五〇名以上の子がいました。智恵ちゃんたちがブランコ鬼をしたのは九名、しまとりをしたのは五名です。でも智恵ちゃんはみんなで遊んで楽しかったと作文に書いています。

このみんなで遊ぶことのおもしろさの〝みんなで〟というのを、全員でとか多人数でということに短絡的にとらえてしまってはいないでしょうか。実は私自身も指導員を始めたころは、そんなふうにとらえてしまっていたのです。学童保育という場は異年齢のたくさんのなかまで活動できるところがすばらしいところだ。〈だから、みんなで〉と、毎日のように全体あそびを行なっていたのです。

みなさんの学童保育では、子どもたちが自分たちの力で集えるあそびなかまの輪はどれぐらいでしょうか。

今日では、いつも一人、二人で遊ぼうとする子は少なくありません。その子たちは、いつも一人で遊んでいたり、気の合う決まった友だちと二人で遊んでいたり。そして、たまに三人以上でかかわり合うことになったりすると、ちょっとしたことでもめごとを起こしたり、「なかまはずれにされた」とすねてしまうことがよくあるのです。

今日の小学生を見ていると、自分たちの力で三人以上のなかまを集めて豊かなあそびの世界を創り出していけることは、すばらしいことなのだと思います。一人ひとりの子どもたちが、自分たちの力で、今、集えるあそびの輪より、さらに一人二人、三人四人多いなかまと、あるいは、いろんな子と遊ぶことのおもしろさを、心のなかに育てていくことはとてもたいせつにしたいことです。

2 子どもにとってのあそびのおもしろさを大人の感覚でとらえない

（1）かけっこ応援ごっこ

四月のある日、なっちゃん①、しずかちゃん①、ゆりちゃん①の三人が、中公園の真中にある一周三〇メートルくらいの花壇のまわりを順番に走っていました。近づくと、「フレフレ、ゆりちゃん、フレフレ、ゆりちゃん」という、しずかちゃんとなっちゃんの声。ゆりちゃんは花壇のまわりの石段の上を走っています。一周回るとゆりちゃんはなっちゃんにタッチして、今度はなっちゃんが走り始めました。するとまた、「フレフレ、なっちゃん、フレフレ、なっちゃん」と二人の声。三人はこのようにして、二〇分くらい楽しそうに順番に走り続けていました。そして、終わりの会でなっちゃんは、「ゆりちゃんとしずかちゃんとかけっこをして楽しかった」と発言するのでした。

私は、指導員になって二五年、これまで子どもたちと共にいろんな楽しいあそびの世界を創り出してきましたが、私のあそび心からは、こんな中身のこんな楽しいあそびの世界は出てきません。私は、こんなあそびに出会うたびに、子どものあそびのおもしろさを大人の感覚でとらえてはいけないこと、子どもたちなりのあそびの広がり深まりがあることを教えられます。

(2)「札内先生、鬼ごっこしよう」「チューキ、チューキ、チューキー」

――あそびの中で、対立することのおもしろさを

四月のある日。おやつの後、中公園に行くと、ともこちゃん①とさくらちゃん①が、「先生、鬼ごっこしよう」と私のほうへかけ寄ってきました。すると、たつや君①としずかちゃん②も、「よせてー」とやってきました。「先生、鬼からやで」と子どもたち。「いいでー。そしたら、五〇数えるでー」と言って数え終わると、私は子どもたちを追いかけ始めました。そして、たつや君にタッチをすると、たつや君は鬼になり、ともこちゃんにタッチをしました。すると鬼になったともこちゃんが私を追いかけてくるので逃げていると、ともこちゃんはとても楽しそうに私を追いかけてきます。子どもたちは、鬼ごっこで指導員に追いかけられたり、指導員を追いかけたりするのが大好きです。私はしばらく逃げていましたが、タッチされてもう一度鬼になりました。

子どもたちが私に、新たなあそびのおもしろさを投げかけてくれたのは、ここからでした。私が

しずかちゃんにタッチをしようとすると、しずかちゃんは両手をチョキにして、その手をおでこに当てて、「チューキ、チューキ、チューキー」（休憩させてという意味）と言うのです。私が「えー、チューキなしやわー」とくやしそうに言うと、笑いながら「チューキありやでー」と言うのです。そして、さくらちゃんもともこちゃんやたつや君も、私に追いかけられるととても楽しそうに逃げて、タッチされそうになると、これまたすごく楽しそうな表情で、両手をチョキにしてその手をおでこに当てて「チューキ、チューキ、チューキー」と言うのです。これには私も楽しくなってきてしまいました。

「うわー、先生、鬼ばっかりやん。チューキ何回までか、決めてーやー」と私が子どものような口調で言うと、「一〇回」と子どもたち。「えー、一〇回、一〇回は多いわー」「そしたら五回」「えー三回にしてー」と私が言うと、「いいでー」と、四人は満面の笑みを浮かべて逃げていきます。私は代わる代わるいろんな子を追いかけていきました。タッチをすると「チューキ、チューキ、チューキー」としずかちゃん。「やったー、しずかちゃん、二回目やで」と私も満面の笑みをこぼすのでした。その後、しずかちゃんは、私に三回目の「チューキ、チューキ、チューキー」を言うと、にっこり笑って「先生、やめる」と言って、ごっこあそびのグループに合流していくのです。そして、さくらちゃん、ともこちゃん、たつや君も同じようにするのでした。

ひょっとして、この実践を読んで、そんな子どもらの遊ぶ力が幼いだけちがうん、と思われた方はいないでしょうか。正直言って、指導員を始めたころの私なら、きっとそんなふうにとらえていたに違いありません。でも私は、数年前に河崎道夫氏の役割あそびからルールのあるあそびへということにかかわっての「『約束ごとに従うこと』がルールのあるあそびにつながるのではなくて、『対立的目標行動をとりあう』『対立関係に入れる』ことがルールのあるあそびにつながるのです」（河崎道夫著、ひとなる書房『あそびのひみつ』八七頁）という問題提起に出会うなかで、前述したようなあそびの、子どもたちの成長にとって持つ意味の深さに確信を持ちました。子どもたちは、ここで私と普通の鬼ごっこを楽しもうとしているのではないのです。鬼になっている私からひたすら逃げることを楽しみ、そういう形で子どもたちが、〝対立を楽しんでいる〟のだと確信するのでした。

それから一ヵ月ほど経った日のこと、なんと、一〇人もこの「チューキ鬼ごっこ」に参加してきたのです。

鬼は、もちろん私です。子どもたちとの折衝の末、この日もチューキは三回までということになりました。私がゆっくり追いかけているかと思えば、急に素早く走り出すと、子どもたちは大はしゃぎで逃げていきます。ロープタワーでも、突然私が素早く動き始めると大はしゃぎです。アスレチックのすべり台の上には、よくたくさんの子が集まっています。私が下にいる子を追いかけているふりをして、急にすべり台をかけ上がっていくと、子どもたちはこれまた大はしゃぎで、くもの子を散らすように逃げ出していきます。

そんなこんなで、私に追いつかれて三回目の「チューキ」をすると、どの子もにっこり笑って、

「先生、やめるで」と言ってほかのあそびに合流していくのです。この日はみんな「靴かくし」に合流していきました。

翌日の終わりの会の前、中嶋先生からうれしい報告を聞きました。この日も、おやつの後は「自由あそび」。三年生のもえちゃんが木鬼という新しいあそび（以前はやったことがあるのですが、今いる子は初めてでした）を教えてくれると、たくさんの子がこの木鬼に参加し、四〇分くらいみんなで思いっきり走り回って楽しそうに遊んでいたとのこと。その木鬼には、これまで私と「チューキ鬼ごっこ」をしていた子たちが、こぞって参加していたというのです。

この報告を聞いて、まだ鬼ごっこを楽しむ力がないから「チューキ鬼ごっこ」を楽しんだのではないことを、私たちは確かめ合いました。鬼ごっこもそれなりに楽しめるけど、「チューキ鬼ごっこ」も、また違うあそびの世界として楽しんでいるのだということがよくわかりました。

でも、ここでもう一つ踏み込んでおさえておきたいことは、今、子どもたちの遊ぶ力が幼くなってきているなかで、鬼ごっこやかくれんぼなどのルールのあるあそびに入っていけない子や、いつも一人で遊んでいる子や決まった相手と二人で遊んでいる子がいることです。私は、そんな子どもたちには、よけいにこのようなあそびをとおして対立することを楽しむような世界にも入っていけるよう方向づけることを、ぜひ、たいせつにしてあげてほしいと思うのです。

一一月のある日のこと、アスレチックでたつや君①と白木先生が何かおもしろいことを始めていました。白木先生がアスレチックの上を歩いていく役で、たつや君はお化けの役でした。白木先生が歩いていくと、隠れているたつや君が突然出てきて「ワーッ」と脅かしているのです。そうすると、白木先生は、「キャーッ」と言って怖がって通り過ぎて行くのです。子どもたちは、こんな楽しいあそびは見逃しません。さっそくゆうま君②とだん君②が「何してんのー、よしてー」とやってきました。ゆうま君とだん君もお化けになり、また、この〈お化け屋敷ごっこ〉を続けていました。

するとくつかくしをしていたりょうちゃん③、しずかちゃん②、みなみちゃん②、なっちゃん②、ゆりちゃん②、ともこちゃん①も「何してるのー」とやってきました。「お化け屋敷ごっこやで」と応えると、「よしてー」と女の子たち。女の子たちはみんなお化け屋敷のお客さんになりました。お客さんがアスレチックの上を歩いていると、ある時はいろんな所から、ある時はみんなまとめて、お化けが出てきて「ワーッ」と言って脅かすのです。白木先生と女の子たちは「キャー」と大声を出して逃げて行き、とても楽しそうに遊んでいました。

幼児期から学童期にかけて、子どものあそびは、ごっこあそびからルールのあるあそびへと移行していくと言われています。移行していく時期だからこそ、あそびを指導するうえで、ごっこあそびとルールのあるあそびを共にたいせつにしていきたいと考えています。

3　いろんなあそびと、みんなで遊ぶことのおもしろさを子どもたちのものに

ここでは、「自由あそび」の実践のなかから、①手指や体と心をしっかり動かすようないろんなあそびのおもしろさと　②みんなと遊ぶことのおもしろさ、いろんな友だちと遊ぶことのおもしろさを子どもたちのものにしていくうえでたいせつにしたい、いくつかの指導の視点を述べてみます。

(1)「チューキ鬼ごっこ」「幽霊タクシーごっこ」
——おもしろがってみせたり、イメージをふくらませたりすることも指導

前項の「チューキ鬼ごっこ」のなかにもあるように、あそびのなかで指導員がくやしがってみせたり、あるいはおもしろがってみせることもたいせつな指導です。なぜなら子どもたちをその気にさせることが指導なのですから。また、第四章の1でりゅうじ君をめぐる実践のなかで紹介する、

子どもたちが作ったビー玉転がしのコース

白木先生の「幽霊タクシーごっこ」や「学校ごっこがきもだめしごっこに」などの実践ように、子どもたちのイメージをふくらませ、役割を生み出していくこともたいせつにしたい指導です。

(2) 雨の日に始めたビー玉転がし

——必要な道具を提供するのも指導

雨の日、三人の子が部屋の隅にあった板と積み木を並べ、ビー玉を転がして遊んでいました。おもしろそうだなあと思い、細長い木を二本と板を三枚、ラップの円筒状の芯などを貸してあげました。すると、十二支パズルやアイビーパズル用の積み木も使って、ビー玉転がしコースを作りながら遊び始めたのです。私がゴールの所にビー玉を置いてあげると、子どもたちは、スタートから転がすビー玉がゴールのビー玉に当たるようにコースを工夫しながら図のようなコースを作り上げ、夢中になって遊んでいました。今でも、ときどき雨降りの日などに、子どもたちはいろんな工夫をしながら、その度に違うビー玉転がしコースを作っています。

昨年の春、学童保育にあった一枚の五目盤を使って、五目並べがはやり始めた時に、私がベニヤ板で新たに三枚の五目盤を作ってあげると、瞬く間に五目並べがはやりだしたこともありました。子どもたちが何気なく始めたあそびに、指導員が道具や材料を提供するとあそびがふくらんでいくことがよくあります。

(3) 一年生が始めたかくれんぼあそびがみんなのあそびに

——場所を方向づけるのも指導

春休みのこと。午前中、中公園に行くと、入所したばかりの一年生のだん君とひろと君としんのすけ君がかくれんぼを始めました。中公園は児童公園としては大きな公園なのですが、三人がかくれんぼを始めた所は、みんなが遊んでいる所からだいぶ離れていました。〈もう少しいっしょに遊ぶ子がいたほうが、かくれんぼがおもしろくなるだろうなあ〉〈それに上級生ともいっしょに遊べるといいなあ〉と、そんなねらいを持って三人に働きかけました。

「なあなあ、かくれんぼするんやったら、おもしろい所があんねん。教えたげよかなー、やっぱ、やめとこかなー」「教えてー」「教えてやー、先生」と、三人はみごとにのってきました。「こっち、こっち、こっちやねん」と学童保育のみんなが遊んでいるほうへ案内し、「ここでかくれんぼしたらおもしろいねんでー。ほんで、ここ（アスレチックの鉄棒の木の柱）が鬼がタッチするとこやねん」と教えました。

三人は、さっそくそこでかくれんぼを始めました。しばらくすると「かくれんぼ、よせて」と、りさちゃん①とけんや君③がやってきました。これで五人になって、さらにおもしろくなっていきました。そうすると、「かくれんぼ、よせてー」と、今度はひー君①とたか君②、たっちゃん④、だいちゃん④といっぺんに四人も増え、九人に膨れあがり、さらに盛り上がっていきました。

翌日、中公園へ向かう道々、りさちゃんとしんのすけ君が「なあなあ、かくれんぼしよう」と、ゆうき君を誘っていました。そして、この日も一〇人くらい集まって、きのうと同じ場所でかくれんぼを楽しみました。

「あそぼー」「よせて」と誘い合ったり、なかまに入っていったりできる関係を育てていくうえで、遊ぶ場所を指導することもたいせつなことなのです。

もちろん、かくれんぼの人数が三人から五人、そして九人へと増えたからといって、必ずしもおもしろくなるとはかぎりません。そのことがおもしろさにつながっていくためには、それなりのなかま関係の質と一人ひとりの子どもたちのなかまとかかわる力、遊ぶ力が求められることもおさえておく必要があります。入ったばかりの新一年生三人が始めたあそびだったわけですからよけいです。

（4）「先生、たんぽぽんの花、咲いたかな」

——評価することはとてもたいせつな指導

太子橋学童保育では、毎年冬になるとけん玉がはやります。

二月のある日、これまでけん玉が大好きになって、〝もしかめ〟にチャレンジしてきていた一年生たちが、続々と新記録を出しました。その日の終わりの会で私はこんな話をしました。

「たんぽぽいうのは、春になるときれいな黄色い花咲かせるな。たんぽぽは夏に台風がきても、寒い冬がきても、根が大地をしっかりとつかみ、緑の葉っぱをだしてるな。そして、嵐や寒い冬を越えて、春に黄色いきれいな花を咲かせるんや。

今日は、けん玉で黄色い花を咲かせた子がいっぱいいてたな。きのうまですごく〝もしかめ〟の練習してきてた一年生が、いっぱい新記録を出したな。ゆうや君が五四回、こうた君が六一回、しげたか君が六一回、めぐちゃんが一二三回、りょうちゃんが一二九回、たか君が二四〇回。みんな、すばらしい花を咲かせたなー。

でもな、新記録を出したことより、もっと値打ちのあるのは、今日まであきらめんと〝もしかめ〟にチャレンジし続けてきたことやで。台風がきても寒い冬がきてもあきらめんとがんばってきたことに、先生はすごい値打ちがあると思うでー」

そして次の日、みんながけん玉で盛り上がっているなか、しげたか君は〝とめけん〟にチャレンジしていました。そして、〝とめけん〟がだいぶうまくなって、一気に一〇回の内六回も成功させたときです。私が「よかったなー、しげたか君、ものすごくうまなったなー」と声をかけると、「先生、たんぽぽんの花、咲いたかな」としげたか君。

学童保育の生活のいろんな場面で、子どもたちの輝くような姿に出会った時、私たちはうなずいたり、驚いたり、つぶやいたり、見守ったり、ほめてあげたりしながら、子どもたちに共感の思いを寄せることをたいせつにしています。また、トラブルなどに出会った時は、まず子どもらの思いを聞いてあげたり、じっと子どもの目を見つめたり、首を横にふったり、つぶやいたり、見守ったり、叱ったりしながら子どもたちに働きかけていくこともたいせつにしています。

(5) 武器作りからわりばし鉄砲作りへ

――危険なあそびもただ禁止するだけでなく

冬休みのこと、中公園でたっちゃん⑤がとがった木を作ろうとして、木で木を削っていました。部屋に戻ってくると、えいちゃん④がはさみをナイフ代わりにして、わりばしを削り始めました。するると、「えんぴつ削りで、削ったらいいやん」とこうた君③。えいちゃんは「カッターしかないで」と言って、引出しからカッターを出してわりばしを削り始めました。太子橋学童保育所では、指導員が見ているときは工作などでカッターナイフも使わせるのですが、「自由あそび」ではとくに指導員の見ていない所では、カッターナイフは使ってはいけないことになっています（この点について、学童保育所によっては、ナイフなど道具を扱うこともしっかりと指導していて、自由に使わせている所もあると思います）。「えいちゃん、カッターナイフは危ないから、勝手に使ったらあかんことになってるやろ。片付けとき」（私）「わかったわ」（えいちゃん）「それに、さっきは、はさみでも削ってた子がいてたやろ。はさみみたいに切れ味の悪いもんをナイフ代わりに使うのは、ナイフ使うよりものすごく危ないことやねんぞ」「うそや、ほんま先生？」（えいちゃん）「思いっきり、力入れるからやで」とたっちゃん。「そうや、ええこと知ってるな。切れ味の悪いものほど、力を入れすぎるからものすごく危ないんや」

そんな話をしていると、こうた君とてっちゃんがわりばしで鉄砲を作り始めているのに気づきました。私は、わりばし（一日保育や土曜日のお昼ごはんのときのお弁当を注文した子のわりばしをたくさん残してある）と輪ゴム、そして、わりばしを切るカナノコを出してあげ、「わりばし鉄砲作りたい子は使ったらいいでー」と声をかけました。「え、先生、いっぱい使っていいの」と子どもたち。「いいで、でも、無駄に使うなよ。はじめての子はまず、一連発のを作り」「わかった。先生、僕も作る」「先生、私も作る」と女の子も集まってきました。

私が、一連発、そして、二連発の見本を作ると、それをまねて作ろうとする子、自分なりに工夫して作ろうとする子など、いろんな作品ができあがりました。もちろん、このなかにはえいちゃんたちも入っていました。えいちゃんは翌週には五連発のを作ろうとして、なかなかうまくいかないので、私が少し手伝ってあげてできあがると大喜びでした。その後、子どもたちは将棋の駒を並べて、わりばし鉄砲の的当てあそびを始めました。

(6) 子どもたちが始めたバラ当てドッジのなかで

——あそびのなかでの試練に耐えることを投げかけるのも指導

五月のある日。この日は、中公園で庭球野球(柔らかいゴムボールでする野球のこと)をしている子、一輪車にチャレンジしている子、ごっこあそびをしている子、そして、もう一つバラドッジのグループがありました。いいほっちゃん⑤、てっちゃん⑤、しげたか君③、ゆうや君③、だん君②たちが本気でバレーボールで当て合う迫力のあるバラドッジをして遊び始めていました(バラドッジというのは、箱ドッジのように、箱を書いたりチームを決めたりはしません。アスレチックやロープタワーのまわりで、鬼になった子がボールを持って、ほかの子を追いかけ回し、当てるのです。そして、鬼に当てられると鬼は交代します)。

そこへ、一年生のたつや君が「よせて」とやってきました。たつや君に声をかけられたてっちゃんは、「いいほ、たつやがよせて言うてるけど、どうする?」といいほっちゃんに相談を持ちかけました。すると、「いいやん。たつや、でもこのあそびは、ハードやで」といいほっちゃん。「いいほっちゃん、ええこと言うねんけど、ハードということ、もっとわかりやすく言ったげんと、わからんと思うで」（私）「たつや君、このあそびは、怖いでー、ちょっと、あらっぽいでー、ということやでー」（私）

でも、なんのなんの一年生ながらたつや君はこの日、このハードなバラドッジあそびに楽しそうに参加していました。

途中、てっちゃんとしげたか君が当て合いし、けんかのような雰囲気になりかけていました。そのようすを見ながら、私は「当て返しは、なしのほうがええんちゃうかー。そのほうがなかよくバラドッジできるんちゃうかー」とつぶやきました。でも、その後もしばらく二人の当て合いは続いていました。

そして、てっちゃんがまたしげたか君に当て返した時でした。さらに、しげたか君がボールを持って、てっちゃんを追いかけようとすると、「当て返しは、なしにしよう。だって、てっちゃんとしげたか、けんかしてるみたいやもん」といいほっちゃん。この提案で、この後、バラドッジは当て返しはだめということになりました。

五時を過ぎたころ、ゆうや君③が二回、腰やおしりにまともに当てられ、倒れて泣きそうになっていました。私は彼のそばに行き「今のは、当て返しと違うからなー。この痛さに耐えれたら、バラドッジも一人前やでー」とつぶやきました。すると、ゆうや君は立ち上がり、再び、ボールを持って追いかけていきました。

彼らは次の日もバラドッジをしていました。終わりの会ではゆうや君が「バラドして、ちょっと痛かったけど、おもしろかった」と発言していました。

一週間後、しげたか君、ゆうや君、だん君、けいすけ君②、たつや君たちは、この日もバラドッジをしていました。一年生のたつや君が当てられて鬼になっていました。たつや君は、ゆうや君を追いかけてボールを投げました。しかし、そのボールはゆうや君に受けられてしまいました。なのに、たつや君は「やったー」と言って、逃げて行ってしまいました。

すると、「しゃあないなー、オレが鬼いったろ」としげたか君。かと思うと、「あかん、しげたか」とゆうや君。でも、たつや君は逃げて行ったままです。「二人ともなかなかしっかりしてるなー。ゆうや君、そう思うんやったら、なんでたつや君が鬼なんか、たつや君に教えたり」と私が声をかけると、ゆうや君はたつや君の所に走っていって、ルールを教えてあげていました。また、しばらくして、たつや君は今度はしげたか君に当てられると、すぐにしげたか君に当て返しました。すると、「たつや、だめやでー」（しげたか君）「なんでー」（たつや君）「だって、当て返し、なしやもん」としげたか君に言われてしまいました。

それでもあきらめずにバラドッジに参加し続けたたつや君。でも今度は、しげたか君がたつや君に向けて投げたボールが、たつや君の顔に当たってしまったのです。たつや君は思わず泣き出してしまいました。

すると、ゆうや君がたつや君の所にかけよっていき、「たつや、あれぐらいで泣くなよ」「泣いたら、よせへんぞ」と声をかけていました。それでもたつや君は泣いていました。

そんなたつや君に、ゆうや君はさらに「あそこで、休んどけ」とやさしく声をかけていました。そして、しばらくするとたつや君はまたバラドッジに合流していました。

子どもたちのあそびには、友だちと直接ぶつかり合わないようなあそびと、Sけんやすもう、サザエさんのように、友だちを引っ張ったり、押したり、取っ組み合いをしたりするあそびもあります。バラドッジは体こそ接触はしませんが、後者の流れのあそびだと言えます。バラドッジのなかでは、友だちに思いっきりボールをぶつけられることが何度もあります。時には痛い思いをして泣きそうになることもあります。でも、そんなことにはへこたれないたくましさも、あそびのなかで育ってほしいなあーと思っています。また、いきすぎてけんかになることもあるかもしれません。でも、こんなあそびの世界もしっかりとくぐるなかで、遊んだ後はボールをぶつけ合ったことなどにはこだわることなく、なかよくできるようななかまに育ってほしいと願っています。

こんなあそびの世界、なかま関係をくぐることが、さらにまた、なかまとかかわる力を育て、なかまとしての信頼関係を強めていく力になっていくと考えています。

あそびのなかで、時には試練に耐えることを投げかけることもたいせつにしています。

（7）一二支パズルでりょう君とたっちゃんの大発見
――発起人は、子どもであれ大人であれ

太子橋学童保育には、小黒三郎氏が考案した一二支パズルが四セットあります。室内あそび用に五年前に私が作成したものです。一つの組み合わせを完成させるのに、大人でも三〇分くらいはかかります。その組み合わせはなんと二三三九通りもあるそうです。一二支パズルを作ってあげた年には大流行しました。完成した時には、「先生、できたあ」と子どもらは目を輝かせます。そのとき、その組み合わせ完成図を書いてあげ、○○ちゃんパターンと名前も入れてあげるのです。とりこになった子どもは、それぞれ五～三〇枚ほどの組み合わせ完成図を宝物のように持っていました。

そして三年前、この一二支パズルを一年生がやり始めた時は、それほどはやりませんでした。でも、あることがきっかけになり、久しぶりに大ブームが起きました。

五月の連休明けのこと、雨降りの日に　久しぶりに一二支パズルをして遊び始める子がいました。一二支パズルの名人のたっちゃん③とりょう君④です。しばらく遊んでいると、二人は一二個のなかの三つ・四つを使って、長方形を作ったのです。「へー、これはおもしろいなー」と私はとても感心してしまいました。「ひょっとしたら、五個でも、六個でも、七個でも、ほんで、一一個でも、全部、長方形ができるかもしれへんぞ。もしできたら、たっちゃんとりょう君の大発見やぞ」と驚

いた表情で話しかけました。二人は目を輝かせ、どんどんチャレンジし続けるのでした。そして、この日をきっかけにして三日間かけて、一二個の積み木のなかの三個、四個、五個……一一個いずれの数でも長方形が作れることを見つけ出したのです。この発見に、二人はそうとうな時間をかけました。私はもううれしくなって、すぐに四個、六、八個用の箱を作ってみました。すると、一年生も、そして、それまであまりしなかった女の子たちも、一二支パズルにチャレンジし始めたのです。一二個ではむずかしいけれど、数が少ないほどかんたんに長方形がたくさん作れることを、子どもたちが発見したのです。

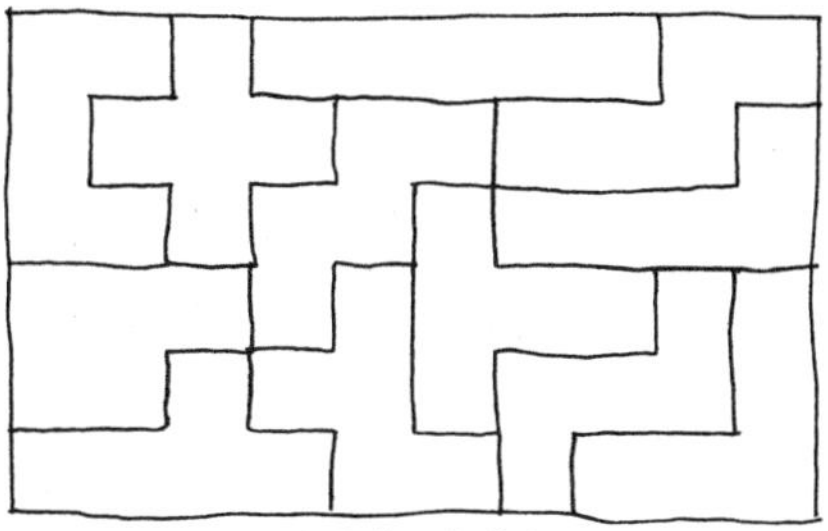

12支パズル
（本物は一つひとつが干支の形をしている）

指導員が教えてあげたあそびでも、子どもたちがやる気になつて遊び始めれば、そのあそびはもう子どもたち自身のあそびなのです。あそびの発起人が、子どもであれ大人であれ、一人ひとりの子どもがやる気になってかかわることは、あそびのなかでまずたいせつにしたいことです。また、夢中になって遊んでいる子どもたちに、ときには自分たちのやろうとしていることの値打ちを語りかけてあげることもたいせつな指導なのです。

（8）指導とは、指導と無指導の連続である

いくつかあそびの指導の視点を述べてみました。

指導というのは、子どものやる気を呼び起こす、強制力をともなわない働きかけであり、子どもが拒否する自由を当然のごとく認める働きかけです。これに対し、命令したり、取り締まったりするような働きかけを管理と言います。私たちは、たとえば、子どもたちの命や安全を守るために、子どもを管理することが求められることがあります。しかし、指導という働きかけが求められているときに、管理主義的な、あるいは操作主義的な働きかけに陥らぬよう心がけることはとてもたいせつにしたいことです。そして、子ども集団による自己指導と自主的な管理を生み出していくことは、私たちの指導のたいせつにしたい方向性です。

また、子どもたちにあそびを工夫し発展させていく力を育てていくうえで、いつでも働きかけ続けるのがいいのかというと、けっしてそうではありません。子どもたちなりにどのようにあそびの世界を創り出していくかを見守ることも、たいせつにしたいことです。実践のなかでは、むしろ見守っていることのほうがかなり多いに違いありません。見通しをもって見守ることも指導なのです。指導とは、働きかけの連続ではなく、働きかけたり、働きかけなかったりの連続なのです。つまり、指導と無指導の連続であることは、とてもたいせつにしたいとらえ方です。

(9) 運動会の練習を始める日にやり始めたヨーヨーあそび
——指導目標や指導計画は、実践するなかで変化・発展させていくもの

秋の旭学童保育運動会（区内の学童保育所の合同で）に向けて練習を始める日のこと。じゅんや君④、あきら君⑤、こうた君⑥の三人がヨーヨーを持ってきて遊び始めました。

私は三人に「ヨーヨーて、どんな技があんのん」と話しかけました。すると三人は「ウォーク・ザ・ドッグ」「ブランコ」「ループ・ザ・ループ」と次つぎに実演しながら、ヨーヨーの技を教えてくれました。「おもしろそうやなあ。学童でも、もっとヨーヨーはやらせたいか?」「うん」。三人とも、目を輝かせました。「学童にも、ヨーヨー置こうか」「ほんま?」「先生、木曜日に松屋街（おもちゃ問屋街）の近くに行くからいろんなヨーヨー買ってくるわ。ただし、バンダイのハイパーヨーヨーは高いから買えへんで。どのヨーヨーがいいか選んでや」「ええでエ」「でも、ヨーヨーはやらせるんは、一〇月二二日からやで」「わかってる。運動会の練習あるもんなあ」と子どもたち。

この後、三人はヨーヨーあそびも楽しみながら運動会の練習でも活躍し、運動会後には三人が中心になって学童保育でヨーヨーを大流行させていきました。

私たち指導員は、子どもたちの姿をしっかりととらえることに努力をはらいながら、これから先に取り組もうとする行事やとりくみのねらいをおさえ、子どもたちが心待ちにする活動となるよう

に、みんなが思いっきり楽しく展開していく活動となるように、さまざまな工夫をこらし、子どもたちに働きかけていきます。しかし、子どもたちは必ずしも指導員の思わくどおりにその気になってくれるとはかぎりません。

こんな時、思い出します。子どもたちに○○をさせたいという思いが先行し、「また、よりによってこんな時に」という思いで、子どもたちを見てしまっていた指導員を始めたころのことを。

私は、指導目標や指導計画は、固定視するものではなく、それに基づいて実践し始めたなかでの子どもたちの声・動き・表情をしっかりととらえながら、常により子どもの現実をふまえた中身へと変化・発展させていくというとらえ方をたいせつにしたいと考えています。このとらえ方は、自らの実践を振り返るうえで、日々総括し方針を練るうえで、常にたいせつにしたい指導の視点です。

4 あそびの世界を豊かにしていく指導の二つの側面

(1) 子どもの興味・感心をとらえた指導

■だじゃれコンテスト

一一月の誕生日会の日のことです。誕生日会といっても、月の終わりころ、おやつのときにその月生まれの子のお母さんからの手紙を読み上げ、おやつをいつもより少し豪華にするというささやかなお祝いの会です。恥ずかしそうにしている子もいますが、みんな大好きなお母さんからの手紙を年に一度読んでもらうのをとても楽しみにしています。

この日は、私が一年生のまさたか君のお母さんからの手紙を読みました。手紙には、まさたか君が生まれたころのほほえましいようすが書かれていました。そして、「近ごろは、自分で考えただじゃれを言って、寒がりのお母さんをますます寒くしてくれますね。ときどき、ちょっと笑ってしまう時もあります。でも、ほんとうは、言ってる時の真剣な（?）顔に、なんだかホッとさせてもらっているような気がします」と書かれてあったのです。まさたか君はだじゃれを言うのが大好きで、これまで私も何度か、夕方家の近くまで送って行く時に聞いたことがありました。私はお母さんからの手紙に前もって目をとおした時、ここは、まさたか君が上級生も含めてつながりを広げていくチャンスだと思いました。まさたか君は日ごろ、まだまだ、一人・二人でマイペースに遊んでいることが多かっただけに、ここは彼がメインになって、みんなと楽しく交われる機会になればいいなーというねらいを持って、こんなふうに働きかけてみました。

お母さんからの手紙を読み終えて、「まさたか君、誕生日おめでとう」と言って、みんなで拍手を送った後に、「まさたか君はだじゃれを作るのうまいからなー。よっしゃ、今日はこのおやつの時間に『だじゃれコンテスト』をしよう」と誘いかけました。「えーでー、やろやろー」と子どもたち。「ただいまより、だじゃれコンテストを始めます。ハイ、だじゃれが言える人ー」と声をかけると、「ハイ、ハイ」とたくさんの子が手をあげました。まずは、やはりまさたか君から。

「南極の歌は、何曲？　柴犬をしばけー。お山で寝ていたら、ふとんがふっとんだー、おやまー。三連発ー」とまさたか君。「お、も、し、ろー」と相槌を打ち、笑いながら寒がっている私。「おもんなー」とか言いながらも、あちらこちらから笑い声が……。そして、「ハイ、ハイ」と言って、続いて手をあげる子もたくさんいました。この後、同じような流れでどんどんだじゃれが発表されました。

「太陽が、目に当たるといたいよう」とめぐみちゃん。

「さめが南極に行って　さめー」とりゅうじ君。

「狼がトイレに行ったら、おー、かみがない」とゆうや君。

「お家でお父さんが、『すまん』ってあやまってんやんかー。そこで、もえが『すまんでは、すまん』って言ってん」と、もえちゃん。

「内臓が、ないぞう」とひー君。

「いくらは、いくらー」とけいすけ君。

「ハングライダーに乗りながら、おっ、今は、一二時半ぐらいだー」とゆうや君。

「ワニが、輪になった」「ねこが、寝転んだ」とだん君。

「いるかは、何匹いるかー」とゆうや君。

「チーターが、崖から、おーちーたー」とまたまた、まさたか君。

「パンダが好きなパンだ」としげたか君。

「帽子忘れて、ハッとしたー」とたっちゃん。

とまあ、こんな具合にたくさんの子がだじゃれを発表してくれる中でだじゃれコンテストは、期待していた以上に盛り上りました。

このだじゃれコンテスト以降、これまで以上に子どもたち同士でだじゃれを言い合ったり、新しいだじゃれができるたびに指導員にそのだじゃれを報告しにくる子が増えていきました。もちろん、そのなかにはまさたか君もよく参加しているのでした。まさたか君が学校から帰ってきて、何か話しかけてくるなーと思うと、「先生、新しいだじゃれできた」と、だじゃれを言ってくるのでした。そして、帰ってきて、何も言わずに私の前を通り過ぎようとすると、私が「おいおい、だじゃれ大王、ここを通る時、何か忘れてないか」と声をかけるのです。するとまさたか君はニヤリと笑って、また、だじゃれを言ってくれるのでした。上級生たちは「まさたかのだじゃれ、おもんないわー」と言いながらも、今まで以上に自分たちもだじゃれを言い合って楽しんでいます。このだじゃれを言い合うあそびがはやり出すなかで、まさたか君は、ひとまわりなかまとのかかわりを広げていきました。私は、まさたか君の二年生の誕生日会のときにも、だじゃれコンテストをするのでした。

■そばで見ることであそびに参加している子もいる

冬休みのこと、終わりの会のなかで谷川先生が、「まさたか君①、あのこといややってんやったら、出しときや」と声をかけると、「中公園で、いいほしゆうや君④にじゃまやって言われて、押された」とまさたか君。

「あれ、わざとと違うで」という声。ゆうや君が帰ったあとだったので話し合いになるかどうか少し心配でしたが、「みんな、どう思いますか」と司会のれいちゃん⑤は、話し合いを進めました。

「あれは、まさたかも、ゆうやも、二人とも悪くなかった。ゆうやが鬼で、えいちゃんを見つけてデン（タッチ）しようとして、まさたかが木の前にいてて、押してしもうてん」とまつみ君⑤。「まさたかが鬼の近くでかくれんぼを見てるから、僕隠れてんのん、ばれたで」とだいちゃん④。

「ゆうやはデンを打とうとして、まさたかが前にいてたから、押してしまってんやん。まさたかも、鬼ごっこ見るねんやったら、もっと木から離れてたほうがよかったと思うで」とれいちゃん。（まさたか君は、鬼がタッチをする木の一〜二メートルほどの所でしゃがんでかくれんぼを見ていたようです）「なるほど、まさたか君は、ゆうや君に押されていややったんやなあ」と私が声をかけると、「うん」とうなずきます。「でも、今のみんなの話で、かくれんぼ見るんやったら、もっと、離れて見たほうがいいこともわかったかなあ」という私のことばにも「うん」としっかり応えます。

「でも、ゆうや、あやまってたで」という声、「そんなん聞こえへんかったあ」とまさたか君。「そらあ、あやまるほうは、あやまったことが相手に伝わったかどうか、わかっとかなあかんわな。まさたか君は、押されたのにごめんいうことばが聞こえてなかったから、いややったいうわけやなあ」（私）「うん」とまさたか君。

そしてその次の日、午後からかくれんぼをやり始めたかと思うと、まさたか君はこの日自分から元気にかくれんぼに参加していました。きっときのうも、まさたか君は〈かくれんぼ、おもしろそうやなー〉〈僕もかくれんぼやってみようかなあ、どうしようかなあ〉という思いで、鬼がタッチをする木のすぐそばで、かくれんぼを眺めていたのでしょう。

この出来事をきっかけにし、まさたか君はこの日以降、ときどきかくれんぼや高鬼など、五〜一〇名くらいのいろんなあそびの輪に入り、あそびが楽しめるようになっていきました。

このだじゃれコンテストもかくれんぼも、まさたか君の興味・関心のあるところに寄り添うなかでの指導でした。私は子どものあそびの世界を豊かにし、なかま意識を広げ深めていくうえで、まず、子どもの興味・感心をしっかりととらえつつ指導していくことをたいせつにしたいと思っています。

(2) 当面子どもが興味・感心のないあそびを子どもの要求になりうる見通しを持って指導していく

では、当面の子どもの興味・感心に即して指導しているだけで、あそびの世界を豊かにし、なかま意識を広げ深めていけるかというと、けっしてそんなことはありません。今日のように、あそび文化が商品化され、放っておいたのでは、テレビゲームやカードあそびに浸ってしまうような現実があるなかでは、よけいに子どもたちの要求になりうる見通しを持って、意図的に大人の側からあそびを導入していくことも求められています。もちろんそれは、行事・とりくみにかぎらず、日常の「自由あそび」のなかでもたいせつにしたいことです。

日常の生活やあそびとその節目にある行事・とりくみには、とてもたいせつにしたいつながりがあります。日常の生活やあそびの中身や、そこで育ってきたなかまのつながりを行事・とりくみに発展させたり、生かしていくことができます。逆に行事・とりくみで身につけた活動の中身やその活動をきっかけにした新しいつながりが、日常の生活やあそびの中身を豊かにしたり、なかまのつながりを広げ深めていく大きな力にすることができます。

また、日常のあそびのなかで、一人ひとりの子どもたちにとってやりたくてしかたがないあそびの世界が豊かであればあるほど、行事・とりくみを子どもたちみんなの力で創りだしていける可能性が開けてきます。同時に日常の生活やあそびの節目となる行事・とりくみが一人ひとりの子どもたちにとって楽しい活動となり、子どもたちみんなが心待ちにするような活動として積み上げられていくなら、これらの活動が日常の生活とあそびの中身や、そこでのなかまのつながりをより豊かなものにしていくチャンスがいろんな形で生まれてきます。

このことについては、次章で、詳しく述べてみます。

第二章

やりたくてしかたのないあそびの世界と心待ちにする行事・とりくみを！

２０００年度　年間の行事・とりくみ

5月	母の日に向けて　プレゼント作り	ビーズ細工
6月	一年生歓迎交流会	親子で、夕食会と花火で交流
7～8月	プール あそび・水泳	夏休みに２０回プールへ
8月	夏合宿（2泊3日）に向けて	班ごとにカレー作り 班ごとにキャンプファイヤーの出し物の練習 歌の練習
9月	敬老の日のつどい（自由参加）に向けて プレゼント作り	折り紙
9～10月	旭学童保育運動会に向けて	こまあそびはやる リレー・王様じんやはやる 自分たちで応援の準備・練習始める 二人三脚・大なわとび・5人つなひきの希望種目に分かれて練習
12月	あそびの学校	学童保育の子どもたち・父母・指導員、地域の子どもたち・親たち、いっしょになって交流
2月	けん玉	技を競い合うあそびとして盛り上がる けん玉じんや（けん玉を使った合戦型のあそび）はやる
3月	卒所式	飾り付けの準備（学童保育の生活とあそびの絵、折り紙で雪の結晶作り、ペーパーフラワー：書きたい子、作りたい子がどんどんでてくる） 卒所生との思い出の作文 学童保育の思い出の作文 希望ごとに出し物の若干の準備・練習（なぞなぞ、だじゃれタイム、パントマイム、けん玉）・歌の練習

アンダーラインを引いたものは、２０００年度に日常の学童保育の生活づくりにも、とくにしっかりと位置付けた行事・とりくみです。

1 あそびの世界の広がりとなかま関係の深まり

ここでは、今、三年生になる七人の女の子たち、とくにゆりちゃんの成長の足跡に焦点を当てながら、学童保育での日常の「自由あそび」と、その節目にある行事・とりくみをとおして、どのようにあそびの世界となかま意識を広げ深めてきたかを述べてみます。

(1) みんなが本気になれる伝統的集団あそびを導入

■学校の帰り道、毎日のように一人ぼっちになる子が

七人のうち六人は同じ保育所出身で、そのうちの五人は一年一組で同じクラスになりました。指導員は五月の連休明けまでは、一年生たちを校門前までお迎えに行きます。その後は自分たちでクラスごとに帰ってくるのですが、この五人の女の子たちは、「○○ちゃんと△△ちゃんが先に行っ

てしまった」とか「××ちゃんは、待っててもなかなかけえへんねん」などとよく言い合っていました。よく、「一人になってん。迎えにきて」という電話が学校からかかってくることがありました。その度に五人を集めて話し合っても、同じことの繰り返しでした。私たち指導員は、その度に一人ひとりの思いを聞いて、働きかけていくことと共に、学童保育の生活とあそびのなかでなかま意識を育てていくようにしようと長い目で見守っていくことにしました。

■どっかんのなかで、一年生の女の子と上級生の男の子たちとのつながりを

一年生の女の子たちは、入所したころからごっこあそびが大好きな子が多く、上級生の女の子もごっこあそびが大好きだったので、部屋でも戸外でもよくごっこあそびをしていました。また、それら上級生とのつながりや指導員の働きかけもあって、部屋ではお絵かき・トランプ・カルタ・おはじき・ひょこ回り（将棋あそびの一つ）・立体四目・チェス・オセロ・十二支パズルなど、戸外ではだるまさんがころんだ・うずまきジャンケン・かくれんぼ・色鬼・高鬼・氷鬼・靴取り・大なわとびなどいろんなあそびを楽しんでいました。

五月一七日（月）の指導員の打ち合わせでは、このころ、毎日のようにドッジボールやサッカー、庭球野球をしていた二〜六年生の男の子のグループと、一年生たちとのつながり、とくに一年生の女の子とのつながりが弱いことが出されました。あそびをとおして彼らのつながりを育てていきたいというねらいを持って、戸外あそびでどちらの要求にもなりそうなあそびを導入していくことに

しました。なぜそんなつながりもたいせつにしたいのかというと、あそびの世界の広がりがなかまのつながりを広げていくし、なかまのつながりの広がりがよりいっそうあそびの世界を豊かにしていくと考えるからです。

太子橋学童の一〜六年生がいっしょになって遊ぶ伝統のあそびの一つであるどっかんか王様じんや（合戦型の集団あそび）を、まずは上級生の間ではやらせてみようということになり、導入のタイミングを待ちました。

五月一九日（水）。中公園で、てっちゃん④とだいちゃん④たちは、ボールを蹴り合っていました。合戦型の集団あそびが大好きな彼らに「今日、どっかんか王様じんやせえへんか？」と声をかけると、

どっかん

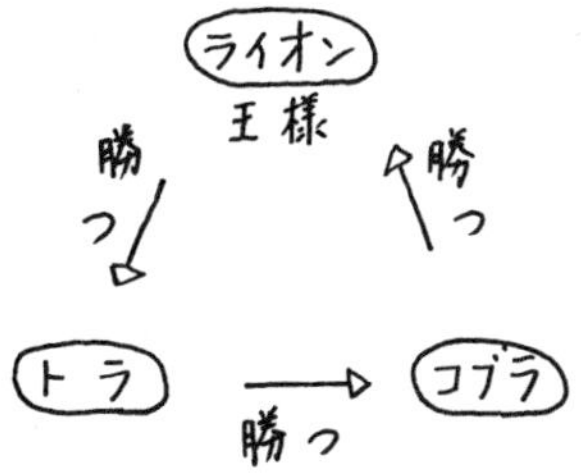

①どっかんは、合戦型の集団あそびです。まず二つのチームに分かれ、陣地を決めます。
②両チームとも、ライオン（王様）一人を決めて、あとの子はトラかコブラになります。
ライオン・トラ・コブラは図のような三すくみの関係にあります。それぞれの役割は、相手チームには内緒で始まります。
③試合が始まると、駆け回り、相手チームの子に「どっかん」と言ってタッチをつきます。
この時お互いの役割を言い合い、負けると相手チームの捕虜となり、相手陣地に拘留されることになります。捕虜になった子は味方にタッチをもらうと生き返ります。
④ゲームは、コブラが相手チームのライオンにタッチをつくと勝ちです。
⑤でも、ライオンは初めは誰かわからないし、コブラはかんたんにはライオンにはタッチがつけません。一番動き回り、どんどん「どっかん」をしていくのは、トラの役割です。そして、相手の動きを見て、一人ひとりの役割をさぐりながら、試合は展開していきます。

待ってましたとばかりに「だいちゃん、どっかんやろう」とてっちゃん。「どっかん？　まっちゃん⑤がやったら、やる」とだいちゃん。てっちゃんは、さらに「まっちゃん、どっかんやろう」と少し離れた所にいたまっちゃんにも声をかけました。「どっかん？　やろう」とまっちゃんが応えると、三人が「どっかん、やろう」とまわりの子に声をかけ、またたく間に八人が集まり、どっかんが始まりました。すると、「僕もよせてー」「私もよせてー」とやってきて、最後には一二人でどっかんを楽しみました。

導入のタイミングがよかったのでしょう。次の日には、クラスの友だちも含めて一九名でどっかんを楽しんでいました。自由あそびの流れで、だいちゃん、てっちゃん、まっちゃん、れいちゃんたちが中心になってなかまを集め、自分たちで遊び始めたのでした。

上級生の間でどっかんがはやり始め、入れ替わりではあるのですが二～六年生の女の子たちも、そして、数名の一年生の男の子もどっかんに入ってくるなかで、五月二八日（金）の終わりの会で「今、二年生以上のなかでどっかんいうあそびがはやってんねんけど、知ってるかな」と話すと、「知ってる」「どんなあそびか知らん」と一年生の声。「二つのチームに分かれてなー、一人ひとりがライオンかトラかコブラかになんねん、詳しくはなー、やってみたらわかるけど、今、二年生以上は、男の子も女の子もたくさんの子がどっかんしてんねんけどな、○○君も△△君も、××ちゃんも＊＊ちゃんもいっぱいやってるでー、おもしろいでー。来週の月曜日に一回みんなでやってみいひん」と、この年初めて〝みんなあそび〟をする提案を指導員からしました。すると、すぐにしずかちゃん①、ゆりちゃん①、なっちゃん①から「いややー」「やれへん」「いやや」という声が返ってきてしまいました。

この終わりの会を受けて、五月三一日（月）の指導員の打ち合わせで話し合いました。

「今、一年生の女の子たちは、すごくごっこあそびで盛り上がってますね」と白木先生。春休みから四月にかけては、上級生や指導員の働きかけも力になっていろんなあそびに意欲的に参加し始めていた一年生の女の子たちですが、ごっこあそびの大好きな彼女たちは、ごっこあそびの指導にたけた白木先生の働きかけと上級生の女の子とのつながりも力にして、五月に入ってからは、ひたすらごっこあそびを楽しみ始めていることが確かめられたのです。あわてないで、今はそのごっこあそびの世界をたいせつにしてあげよう。どっかんには、今年も二～六年生の女の子たちも燃え始めているから、また、彼女たちに導入できるチャンスはいくらでもくる。今は彼女たちがのめり込み始めているごっこあそびの世界をとことん楽しませてあげようと確認し合いました。

この一学期は、六月の中ごろまでどっかんがはやり、一年生も男の子五人とりさちゃん①も、入れ替わりにどっかんに入って遊んでいました。

七月一四日（水）。れいちゃん⑤が「どっかん、したいな」と言い出しました。「そら、やりたい子集めたらできるんちゃう」と私。でもそうは言っても、一ヵ月前までどっかんに燃えていた男の子たちは、このごろは庭球野球に燃えているのでした。れいちゃんは、一・二年生の女の子に声をかけ始めました。「どっかん？　知らん」「やったことない」という一年生たちにも、れいちゃんが「やったらわかるって、れいが教えたるから」と言うと、九人集まり、男の子も六人ほど集まってきて、一五名でどっかんを楽しんでいました。ごっこあそびをはじめ、いろんなあそびでリーダーシップを発揮してきたれいちゃんのこの働きかけには、一年生の女の子たちも文句なしにあそびなかまに入っていくのでした。そして、翌日には、れいちゃんのクラスの友だち四人とりさちゃん①・みなみちゃん①を含めた二二人を集めて、どっかんで遊びました。

また、その翌日のおやつのときには、しょうこちゃん①、なっちゃん①、りさちゃん①たちが「どっかんやりたい」「どっかんしよう」と話に花を咲かせていました。

一～六年生みんなで遊ぶ伝統のあそびを、まずは上級生の間で自由あそびのなかではやらせる。そして一年生の女の子たちも、とりくみとしての〝みんなあそび〟でどっかんを経験するなかで、どっかんをはやらせていこうと考えました。しかし、見通しが甘くどっかんは彼女たちにすぐには導入できませんでした。でも、彼女たちとしっかりつながりのある二年生以上の女の子たちがどっかんに燃え始めたことを手がかりにして、焦らず待ったことが彼女たちのどっかんとの出会いを生み出したのです。

ひょっとして、やっぱりあそびは指導などせずに子どもがその気になるまで待てばいいのよ、と思われた方もいるかもしれません。でも、私はけっしてそうは思いません。なぜならもし、あそこで、てっちゃんとだいちゃんに「どっかんか王様じんやせえへんか」と声をかけなかったら、上級生の間でも、どっかんがはやり始めていなかったかもしれないからです。そして、同じようなねらいを持って、そのような働きかけを一学期に毎年積み上げてきているからこそ、どっかんや王様じんやなどの合戦型の集団あそびが一～六年生みんなで楽しめる伝統のあそびになってきているからです。

しかしまだ、どっかんを導入した当初のねらいが達成できたわけではありません。ドッジボールや庭球野球、サッカーが大好きな二～六年生の男の子と七人の一年生の女の子のつながりを、どっかんを通じて育てていくというねらいです。だって七月には、男の子たちは庭球野球に燃え始めていたわけですから……。このつながりを育てていくことは、もちろん、これからの夏休みの生活でもたいせつにしていきたいことの一つでした。きっと、夏休みそしてそれ以降に、どっかんでもその機会がくるはずと、チャンスを楽しみに待つことにしました。

九月に入り、一〇月一七日（日）の旭学童保育運動会に向けて旭指導員部会で話し合いました。その年、初めて親子の交流種目として、どっかんをすることになったのです。

一〇月一日（金）。おやつの会で、来週から毎日三〇分くらい行なう運動会の練習は、何がしたいかを出し合いました。一番希望の多かったのは、なんとどっかんでした。二番はリレー、三番は二人三脚でした。いつも一番人気のあるリレーをどっかんが抜いたのは驚きでした。そして、この話し合いに刺激されたのでしょう。この日も、いつものようにおやつのあとは「自由あそび」でしたが、一〇数名の子どもたちがどっかんをやり始めたのでした。毎年、運動会前は、練習の前後の

「自由あそび」ではリレーがはやるのですが、この年リレーを押しのける勢いでどっかんがはやりました。

■「どっかんする人、この指とまれ！」と一年生たち

運動会後もどっかんは続きました。運動会が終わってしばらくすると、なっちゃん①やりさちゃん①、けいすけ君①たちが、「どっかんする人、この指とまれ」と声をかけて、一年生たちが自分たちでなかまを集めて、どっかんを始めていることがよくありました。

とくに一年生の女の子たちは、一学期のころは毎日のようにごっこあそびをしていただけに、自分たちだけでもなかまを集めて、一年生だけでどっかんをやり始めるようになっていったのには驚きでした。なぜなら、どっかんを始めるには、いくら少なくても六〜八人はいるからです。一年生たちがどっかんを始めているところへ、上級生の男の子たちも「よせてー」と入っていくことがよくありました。この姿を見て、どっかんを導入したねらいが今年もしっかりと生きてきているのを確信しました。

■部屋のなかで、消しゴムでどっかんを始めた一年生たち

一二月二〇日（月）。おやつ前、宿題をしていたれいちゃん⑤が耳打ちするような声で「先生、りさとしょうことなっちゃん、けしゴムでどっかんやってる」と言うのです。宿題を終えて遊び始

めている三人のほうを見ると、「きーまった」「戦争開始」「どっかん」と言いながらタッチして、「せーの」と言ってけしゴムの裏を見せ合っています。

私は、この子どもたちの姿に、一年生だけでどっかんをやり始めた時とはまた違った意味で感動してしまいました。そうです。この子たちにとってのどっかんのおもしろさ、あそびのおもしろさは、やはり大人感覚では考えもつかないような、この子たちなりの広がりと深まりがあるのだというこことをこのどっかんのなかでも確かめるのでした。そして、どっかんがこの子たちのあそびになってきたことを確信しました。

意図的に働きかけるなかで、みんなの要求になり、みんながいっしょになって本気になって遊べるような伝統のあそびを生み出していくことは、子どもたちのあそびの世界となかまのつながりを広げていくうえで、大きな力になると考えています。

（2）行事やとりくみには、強制がともなうものか

■自由あそびへの思いを超えるくらい心待ちにし、楽しく展開する行事・とりくみに

けん玉は、一月中旬から二月にかけてのとても寒い冬の時期に、長屋の狭い部屋のなかでもたくさんの子どもが本気になって体を動かして遊べる奥深さのあるあそびとして、そして、三学期にみんなで取り組む活動（とりくみ）として位置付けています。でも、もしけん玉がはやらず、ほかの

あそびがはやりだすとしたら、私たちはそれでもいいと考えています。しかし、これまでの積み上げもあってか、今のところは、けん玉が一月末～二月にみんながやりたい活動として毎年盛り上がっています。みんなで取り組む活動ですから、「自由あそび」の指導とは違い、全員の要求となるような見通しも持って指導をすすめています。

一月一〇日（月）。高学年会議で二月に比良山に行くこと（高学年活動）と、一月一三日（木）から一週間、みんなが帰るのが遅い日（火と金）以外の四日間は、四～六年まで一五～三〇分のけん玉タイムを行なうことに決めました（一～六年生、みんなで取り組む行事・とりくみを行なう場合、まず、リーダー格の四～六年生をその気にさせることは、それらの活動の定石とおさえています）。高学年は、みんなけん玉が好きなので、けん玉五番勝負・けん玉地獄回し・けん玉つるつる・けん玉タンテイ・けん玉じんや・けん玉の認定など、いろんなあそびを展開していきます。

一月一三日（木）、中公園でサッカーやごっこあそびをして戻ってきた四～六年生たちが、けん玉五番勝負を始めました。一月一七日（月）には、五時ごろ中公園で、「そろそろ部屋に戻って、けん玉タイム始めよか」と声をかけると、四～六年生たちは部屋に戻らず、中公園でけん玉じんやをやり始めました。それには、四人の二・三年生も加わり、さらにほかの二・三年生たちもたくさん部屋のなかでけん玉をして遊ぶ姿を見て、一年生のしょうこちゃんとけいすけ君もけん玉を手に持ってやり始めました。翌々日には、一年生のしょうこちゃん、けいすけ君、ゆうき君、だん君、みなみちゃんがけん玉をやり始めました。
そして次の日、灯台たまたろうさんから、一年生たちに手紙が届きました。

前略、私は、灯台たまたろうというものです。一月二四日月曜日に、私、灯台たまたろうが一年生たちにけん玉を教えるために太子橋学童保育にまいります。けん玉ってー、上手になったら、おもしろいよう。すごーくおもしろいよう。だから、けん玉を教えてほしい人は、私に返事を書いてください。たくさんの返事を待っています。

一月二〇日（木）、おやつ前のこと。玄関の近くで遊んでいたけいすけ君①が「先生、何かはさまってる」と、玄関の戸の所に手紙がはさまっているのを見つけました。「ほんまや、けいすけ君、取ってー」（私）「あれ、太子橋学童の子どもたちへって、書いてあるから、みんなのとこ、持っていってあけてみたら」（私）

けいすけ君がその手紙をみんなの所へ持って行くと、「だれからやろー」「福島先生からちゃう」「だって、こんなかわいいシール貼ってるもん」と子どもたち。中をあけてみると、「うわー、かわいい！」。キティーちゃんやたれパンダの絵の描かれた手紙がいっぱい入っています。

「しょうこのんやー」「まゆみちゃんのんやー」……。「うわー、一年生ばっかりや、いいなあ」「二年生のないわー」「私ら一年生のとき、もらわれへんかったでえー」とめぐみちゃん、りょうちゃん、もえちゃんたち二年生。一年生たちが手紙を開いてみると、先のように書いてありました。一年生たちは、みんなさっそく返事を書き始めました。

翌日、夕方。中公園から帰って来た時、今度はてっちゃん④が玄関の横に手紙が置いてあるのを見つけました。またもや灯台たまたろうさんからです。今度は太子橋学童の二年生たちへと書いてあります。二年生が手紙をあけようとすると、「待て！　まだ、りゅうじ②が戻ってきてないから」とこうた君②。「灯台たまたろうって、どこのおやじやろう」（こうた君）「灯台たまたろうの正体って、知ってるでー」（しげたか君②）「どーせ、札内先生やって」と二年生の男の子たち。

とうだい　たまたろうさんへ
おてがみありがとう。二四日のげつようびに　けんだまをおしえてください。はやくじょうずになりたいので、くるのをたのしみにまっています。

ゆり　より

とうだい　たまたろうさんへ
わたしは、大ざら、小ざらができません。おしえてください。

みなみ　より

とうだい　たまたろうさんへ
わたしは、月よう日、ならいごとがあるので、もくようびにまたきてください。たのしくまっています。わたしは、できるかな。

まゆみ　より

とうだい　たまたろうさんへ

しょう子は、大ざら、小ざらもうのるようになったよ。「とうだい　たまたろう」っていいなまえだね。学どうにくるとき、かぜひかないように。とうだいたまたろうさんは、しょうこにぜひ、おしえてください。たまたろうさんは、けん玉じょうずなの？　ぜったいにじょうずだとおもうよ。たまたろうさん、しょうこは、「もちかたちがうよ」といわれているから、もちかたもおしえてください。では、月よう日にあそぼう。ばいばい。

しょうこ　より

そして、待ちに待った一月二四日（月）、午後四時過ぎ、ガラガラガラと玄関の戸が開くと「こんにちはー！」という大きな声。そこには、黒い上着、黒い帽子、そして、白ぶちのサングラスをかけた男の人が立っているではありませんか。

「みなさん、こんにちは、私が、灯台たまたろうでございます」と言いながら、その男の人は部屋のなかに入ってきました。「お久しぶりですね、たまたろうさん。お元気でしたか」と中嶋先生。そうなんです。たまたろうさんが、太子橋学童にやってきたのは、三年ぶりだったのです。

「札内先生やろう」「わかってんねんぞう、札内先生やろう」と言いながら、子どもたちはたまたろうさんの帽子やサングラスを取ろうと、飛びついていきます。

「たまたろうさんとな、札内先生は、双子の兄弟やねん。だから、よう似てるやろう」と中嶋先生。たまたろうさんはサングラスをはずし、上着を脱ぎました。「あっ、やっぱり札内先生やろう」と疑う一年生たち。〈札内先生、ええ年して、なにやってんのー〉という表情でそのようすを見守りながら、一年生にけん玉を教えたり、ひたすらけん玉に挑み続ける高学年の子もいます。

そして、子どもたちは、けん玉を楽しみながら、ときどき、何気なく、「なあ、札内先生、……」とたまたろうさんに声をかけにくるのです。たまたろうさんは、だいたい「ごめんなー、札内先生、今日、休みやねん」と応えるのですが、なぜか、たまに「なんや」と返事をしてしまうのでした。するど、「ほら、やっぱり、札内先生やん」と子どもたち。

一年　田村　しずか

わたしは、れいちゃんに　けんだまをおしえてもらった。すごくじょうずにおしえてもらった。「あしをまえにだし」っておしえてくれたら、すごくじょうずになった。よかった。

一年　今井　りさ

わたし、まいちゃんとゆりちゃんとりょうちゃんとけんだまをした。

りょうちゃんにけんだまをおしえてもらいました。けんだまの　おおざら、こざらができました。

れいちゃんとりょうちゃんにおしえてもらいました。大ざら、小ざら、をおしえてくれました。れいちゃんが「じょうずになった」っていってくれました。

一年　百井　なつみ

こうして、今年も一年生みんなが心待ちにするなか、一月二四日（月）を迎え、上級生たちに教えてもらいながら、けん玉に意欲的にチャレンジし始めるのでした。

行事やとりくみには、強制がともなうものだと思いこんでいる方もなかにはいるのではないでしょうか。子どもたちは自由に遊ぶことが大好きです。自分と気の合った子と遊ぶのが大好きです。でも、全員で共通の活動に取り組む行事やとりくみも、指導によっては、自由に遊ぶこと以上に、それらの活動を心待ちにし、楽しく活動を展開します。私は、指導のありよういかんによっては、行事やとりくみも、みんなの要求にすることができうると考えています。

■けん玉のとりくみのなかで、やる気・粘り強さ・なかま意識を高めていった子どもたち

二月二一日（月）。学童保育に帰ってくるなり、「先生、家で、もしかめ二二回いけたでー」と元

気いっぱいに報告してくれたのは、なっちゃん①。先週までとは違い、ひざをしっかりと使うすばらしいフォームの〝もしかめ〟になってきていました。何度も〝もしかめ〟にチャレンジし、それを私が、「二六、二七、二八、二九」そして、三〇を数えた時です。なっちゃんのすぐ横でけん玉をしていたしょうこちゃん①が、いっしょに大きな声で「三〇」と言ったのです。このときなっちゃんは、三七回と〝もしかめ〟の記録を大きく伸ばしました。すると、しょうこちゃんがまた「三七回」と大きな声で、今度は目を輝かせて言ったのです。

それからしばらくして、今度はまさたか君①が、〝もしかめ〟にチャレンジしていました。まさたか君の〝もしかめ〟の最高は三回でした。一回、二回を何度も記録していたまさたか君が、六回と一気に記録を伸ばしました。すると、「けいすけのおかげや」とまさたか君。「けいすけ君が、何か言ってくれたんか」と聞くと、「ひざまげろよって言ってくれてん」とまさたか君。

二月二二日（火）。「先生、五級とおった。りさに見てもらった」とけいすけ君。私が「おめでとう」と言って、けいすけ君と握手していると「あかん、札先の握手は。オレが握手したろ」とゆうや君④。

終わりの会ではひろき君①が、「四級にとおって、うれしかった」と目をまん丸にしていました。

二月二三日（水）。私の所にかけより、驚いたような表情で「先生、りさちゃん、（もしかめ）一〇〇回いったー」と教えてくれたのは、なっちゃん（なっちゃんのこのときのもしかめの記録は、四〇回）。しばらくすると、「先生、りさちゃん、一九七回いったー」という、しょうこちゃんの叫

中公園のアスレチックで

び声（しょうこちゃんのこのときのもしかめの記録は一五一回で、一週間くらい記録が伸びていませんでした）。白木先生といっしょにりさちゃんの〝もしかめ〟を数えていたしょうこちゃんとなっちゃんは、りさちゃんといっしょに自分のことのように喜んでいました。

そのなっちゃんも、この日、〝もしかめ〟を六一回まで伸ばしました。しずかちゃん①は、五級に合格しました。

終わりの会では、「もしかめが、八回いけてうれしかった」とゆりちゃん①。

二月二四日（木）。だん君①は先週一週間、かぜで休んでいました。休んでいる間にほかの一年生たちはずいぶんとうまくなっていました。でも、だん君はくじけたりしませんでした。やる気をなくさず、こつこつとがんばり続けて、この日〝もしかめ〟を二〇回から三七回に久しぶりに伸ばしました。

しょうこちゃんも、一週間ぶりに一五一回から二三二回と記録を伸ばしました。私が大きな声で「一二三二回！」というと、少し離れた所でなっちゃんの〝もしかめ〟を数えてあげていたりさちゃんは、しょうこちゃんのほうを見て両手を伸ばし（私も、やるでー）という表情。

ゆうき君①はこの日、〝とめけん〟がうまくなり、六級に合格しました。なかよしのひろき君とけいすけ君にリードを許しながらも、やる気をなくすことなくがんばっています。

そして、まゆみちゃんが、〝もしかめ〟で一〇九回の新記録を出して、しばらくしてからのことです。〝もしかめ〟で一〇〇回を達成すると、自分でカウンターを使って〝もしかめ〟ができるようになるので、なっちゃんも一〇〇回めざしてがんばっていました。でも、なかなか一〇〇回にはいきませんでした。「もうーいかへんわー」「八〇いきたい。一〇〇回になりたいよー」とつぶやくなっちゃんは、あきらめそうになっていました。中嶋先生が「今日、六一回から七一回になったやん。毎日こつこつと練習したら、きっと一〇〇回いくよー。みんなそうなんよ。なあ、しょうこちゃんも月曜から土曜まで毎日練習して、先週ずーと伸びなかってんなー。でも、あきらめんと毎日してたから、今日いきなり、一二三二回いってんな」と励ましました。すると、「そうやでー、一週間伸びひんかってんで。やっと、今日、いってんでえー」としょうこちゃん。「しずかも四〇回からなかなか伸びひんかってんでー。あのとき、いややってんでー。でも、がんばって練習してんで。なあ、先生」としずかちゃん。「がんばりー、私もそうやでー」とまゆみちゃん。黙って四人の話を聞いていたなっちゃんは、再び立ち上がり、〝もしかめ〟に挑み始めました。このときばかりは、

「一、二、三、四、五……」と中嶋先生としょうこちゃん、しずかちゃん、まゆみちゃんが、なっちゃんと心を一つにして、数え始めていました。「五〇、…六〇、…七〇、…八〇、…」四人の励ましも力にして、このとき、なっちゃんは八六回の新記録を出しました。

その瞬間、中嶋先生としずかちゃん、まゆみちゃんは、なっちゃんと四人で輪になって、跳び上がって「ワァー」と大声で喜び合っていました。すぐそばで、「よかったなー」としょうこちゃん。「おめでとう」とまゆみちゃん。「よかったなー」としずかちゃん。

このころ、学童保育では、おやつの後はけん玉あそび以外にも、大なわとび、どっかん、ドッチボール、バラあてドッチ、サッカー、鬼ごっこなどいろんなあそびで盛り上がっていました。

■大なわとびが跳べるようになり、自信とやる気、なかま意識をふくらませたゆりちゃん

ゆりちゃん①は部屋のなかでは本を読むのが大好きで、これまで、ごっこあそびやだるまさんがころんだ、かくれんぼ、どっかんなどにときどき参加したことがあるものの、中公園でも、どちらかというとブランコに乗っていたり、散歩にきた犬と遊んだり、草花をいじったりと、一人で遊んでいることがよくありました。

二月一〇日（木）。大なわは、跳べないから自信がないらしく、これまでいくら誘っても入ろうとしなかったゆりちゃんに、中嶋先生が「大波小波しよう」と誘いかけました。初めは「回すのいやー」と言ってたゆりちゃんも、何度も何度も練習しているうちに、跳ぶのも回すのもできるよう

になり、大喜び。終わりの会でも、ゆりちゃんは、「大なわが楽しかった」と発言していました。

二月一二日（土）。中公園で、八の字（大なわとび）が始まると、「よせて」とどんどん増えてきて、一〇人に膨れ上がっていました。そこには、二日前の大波小波で自信をつけたゆりちゃんも「よせてー」と言って参加していました。白木先生といっしょに大なわとびをリードしていたのは、大なわとびが大好きで上手なまいちゃん④、りょうちゃん②、めぐちゃん②でした。

まゆみちゃん①は、初めはなんとか跳べるくらいだったのが、遊んでいるうちにだいぶ跳べるようになっていきました。たまにひっかかっていたみなみちゃん①も、失敗せず跳べるようになりました。それなりに跳べるえいちゃん③、つっ君③、てっちゃん④は五分くらい参加し、けんや君は男の子にほかのあそびに誘われても、最後まで八の字を続けていました。

ゆりちゃんは大波小波とは違って、ずっと一周回し続ける八の字はまだ入るのが恐いらしく、みんなに「ハイ」と言ってタイミングを取ってもらうものの、初めはすぐに入れませんでした。でも、「ハイ」と言われると目をつぶって入っていくうちに自信をつけて跳べるようになり、みんなといっしょに大喜び。「ゆりちゃんは、まだ始めたばかりなので、ゆりちゃんのときだけ、間が空いても回数に入れることにしよう」（白木先生）ということになり、八の字を続けました。でも、間を空けずに続けて跳んでいく八の字がやりたいまいちゃん、りょうちゃん、めぐみちゃんからは「ゆりちゃん、抜けてほしい」の声。白木先生が「そんなん、言うたりなやー。ゆりちゃんだって一生懸命やってるねんから」と言うと、「そうや、そんなん言うたら、かわいそう」とみなみちゃん。「お前ら、そんなんやったら、絶対、ひっかかんなや」とえいちゃん。これには、三人も納得するほかありませんでした。でも、八の字って、間を空けずにどんどん跳べると、ほんとうに楽しいですよね。「三人の気持ちもわかるんですけどねー。でも、あそこは、やっぱり、初めて参加して跳べるようになったゆりちゃんが、三人にそう言われてもくじけずに八の字に参加し続けてほんとうによかったと思いますね」と白木先生。最後には、二回に一回くらいは跳べるようになり、とても自信をつけたゆりちゃんでした。ゆりちゃんはこの日以降、大なわとびにどんどん参加するようになり、自分から大なわを中公園に持って行くようにもなっていくのでした。

■〝もしかめ〟の上達をなかまに自分のことのように喜んでもらう中でまたひとまわり自信とやる気、なかま意識をふくらませたゆりちゃん

二月一四日（月）。ゆりちゃんは、大皿、小皿、中皿がのるようになり、〝もしかめ〟にチャレンジし始めていました。「自由あそび」のなかで、みんながどんどんけん玉にも自分からチャレンジし始めるなか、このころのゆりちゃんは、まだ、指導員に「けん玉しよう」と声をかけられることで始めることがよくありました。この日も、中嶋先生が「ゆりちゃん、〝もしかめ〟今日、先生に見せてね」と言うと、「うん、いいよー」とゆりちゃん。週四日勤務のやさしい中嶋先生のこの働きかけは、子どもたちの心によく届くのでした。

一回、二回はできるようになっているゆりちゃんに「うわー、上手になってるね、ゆりちゃん」

と中嶋先生。何度かしているうちに三回できて、ゆりちゃんは大喜び。

「ゆりちゃん、よかったね。毎日少しずつ練習したら、きっと、一〇回いくようになるよ。あしたもやろな」(中嶋先生)「先生は、あした休みやんかー」(ゆりちゃん)「あっ、そうやー。じゃー、四回いったら電話で教えてー。待ってるわー」(中嶋先生)「うん、電話番号書いてー」(ゆりちゃん)

二月二五日(金)。今日は、ゆりちゃんが、いきなり〝もしかめ〟で八回いけました。ひざがよく曲るようになってきています。「早く一〇回いきたいなあ」と言っていたのですが、今日は、今までのゆりちゃんと技量にもやる気にも違いを感じます。その予感はみごとに的中しました。一〇回の新記録を出したのです。達成したその瞬間に「よかったなー」と言って、ゆりちゃんといっしょに喜んでいたのは、なっちゃん。終わりの会では、ゆりちゃんが「もしかめで一〇回いったら、なっちゃんが、『よかったね』と言ってくれた」と言っていました。

二月二八日(月)。「六、七、八、九、一〇、一一」「やったー!」「ほらー、伸びた伸びたー、ゆりちゃん」と、ゆりちゃんといっしょに大喜びしたのは中嶋先生。この日ゆりちゃんは、終わりの会でも「もしかめが、一一回できてうれしかった」と発言し、「先生、ゆりもけん玉持って帰るわー」とうれしそうに家に持って帰りました。これまでは、指導員から励まされながらけん玉をやり始めていることが多かったゆりちゃんも、この日をきっかけに自分から進んでどんどんけん玉にチャレンジするようになりました。

三月二日(木)。〝もしかめ〟にチャレンジするゆりちゃんの記録は、八回、一〇回、一二回、一

○回……。「すごいすごい、ゆりちゃん、落ち着いてきてるよ。ひざがよく曲ってるよ」と中嶋先生。「先生、汗かいてきたわー」とゆりちゃん。「がんばってるからやなー。大丈夫？」（中嶋先生）「うん」（ゆりちゃん）もう、やる気十分のゆりちゃんです。「一、二、三、……」中嶋先生が数えてあげていました。その声が一〇を越えると、しょうこちゃん①とまゆみちゃん①、なっちゃん①も、自分たちがけん玉をするのを止めて、中嶋先生といっしょにゆりちゃんの〝もしかめ〟を数え始めました。みんなが心を一つにして「二一、二二、二三、……二三、二四、二五、二六」「やったー！」「おめでとう、よかったなー、ゆりちゃん」としょうこちゃんとまゆみちゃん、なっちゃんは、大喜びするゆりちゃんといっしょになって喜んでいました。

大なわとびが跳べるようになってすごく自信とやる気をふくらませたゆりちゃん。けん玉の〝もしかめ〟でなかまと共に技を磨き、その達成をなかまが自分のことのように喜んでくれるなかで、さらに自信とやる気をふくらませ、なかまとのつながりを深めていったゆりちゃん。ゆりちゃんは、このころ、戸外あそびでもなかまとのかかわりをさらに広げていきます。大なわとびと共に、どっかんにも「よせてー」と自分から入っていくようになっていくのでした。

■学校からの帰り道、まだときどき一人なってしまう子が

一年一組の女の子たちは、そのまま二年一組となりました。学童保育での姿を見ているとなかよく遊べるようになってきたかと思いきや、学校の帰り道にはまだまだトラブルが絶えないのでした。

クラスの先生にもお願いし、いっしょに帰るように声をかけてもらい、一時はいっしょに帰ってくるようにはなったものの、やはり帰り道、一人になってしまう子がときどき出てくるのでした。ゆりちゃんもその一人だったのですが、ほかにも入れ替わり一人ぼっちになってしまう子がいるのでした。

学校からの帰り道のこと。五月二九日（月）「＊＊ちゃんと＊＊ちゃんと＊＊ちゃんな、＊＊ちゃんといっしょに帰らんとこって、言ってんで」と＊＊ちゃん。「言ってないわ」と＊＊ちゃん。と言っては、もめ。七月一三日（木）、「＊＊ちゃんな、『＊＊ちゃん無視しようって』って言ってたでと＊＊ちゃん。「＊＊ちゃん、悪いわ。約束破った」（＊＊ちゃん）「『内緒にしよう』って、言ったのに」と＊＊ちゃん。と言っては、またもめているのでした。

（3）時には子どもたちの間ではやりだしたあそびを行事化することも

■しょうこちゃんが偶然やり始めた一輪車が、女の子の間でどんどんはやりだす

五月一九日（金）。「今日は一輪車の練習するから、お母さんが早く迎えにきてくれんねん」と話してきたのはしょうこちゃん②。「よかったなー。学童にももらった一輪車が三個しまってあるから、今までやったことないけど、学童でも一輪車に乗れるようにしようかー」と話すと、「うん」と目を輝かせたしょうこちゃん。

翌週の月曜日、初めて学童保育で一輪車をしたのですが、しょうこちゃんはさすがによく練習しているようで、すでに一〇メートル近くも乗れていました。

そして一週間後、みなみちゃんのお母さんから一輪車を一台いただき、全部で四台になりました。学童保育に帰ってくると、「先生、一輪車で空中乗りできるようになってんでー」と話してきたのはしょうこちゃん。空中乗りというのは、乗り始めるときに手すりを持たずに立ち上がって乗る技のことです。

中公園へ行くと、しょうこちゃんはさっそくやってみせてくれました。「すごいやん、しょうこちゃん、うまなったなー」と指導員たち。しょうこちゃんは初めは何度かチャレンジして成功するレベルから、一時間余り練習すると、ほとんど失敗することなく空中乗りができるようになり、大きく自信をふくらませていました。そして夕方、お迎えにこられたお母さんの姿が中公園の入口に見えると、「お母さん、見て見てー、空中乗りできるでー」とうれしそうな表情でやってみせていました。

しょうこちゃんとずっといっしょに練習していたしずかちゃん②は、この日始めた時は五メートルくらい乗れていました。しずかちゃんが何度失敗してもあきらめることなくチャレンジし続けて、一〇メートル、一五メートルと記録をどんどん伸ばしていき、とうとうアスレチックの半周を越したときでした。

「うわー、しずかちゃん、半周越えたでー」と私がつぶやくと、「もう、しずかちゃん、かんぺきやー！」としょうこちゃん。戻ってきたしずかちゃんに、私が「半周越えてたでー、うまなったなー」と声をかけると、もう一度「しずかちゃん、かんぺきやー」と言ってあげるしょうこちゃんでした。そのことばを聞いてにっこり笑うしずかちゃんでした。子どもって、自信をふくらませ、なかまと共感し合えるような関係が育ってくると、友だちにこんなにすばらしい励ましの声がかけられるようになるのです。

そして、しずかちゃんがもう少しでアスレチックを一周する所までくると、「うわー、しずかちゃん、あんな所まで行ったー」としょうこちゃん。

この日はもう一人、失敗してもあきらめずに一輪車にチャレンジし続けた子がいました。まゆみちゃん②です。まゆみちゃんは、しずかちゃんが半周を越えたころ、五メートルくらい乗れていました。そして、しずかちゃんが一周近く乗れたころには、一〇メートルくらい乗れるようになってきていました。

とうとうしずかちゃんがみごとに一周したので、「しずかちゃん、一周行けたやん。すごーい」と私が声をかけると、「一周、いったん?」と、すごい！　という表情でしょうこちゃんが話しかけ、まゆみちゃんも「よかったなー」と、声をかけていました。

三人のなかでは、一輪車の技量が一番遅れていたまゆみちゃん。でも、あきらめることなく、一輪車にチャレンジし続けていました。しょうこちゃん、しずかちゃんといっしょに、一時間近く一輪車に挑み続けて、三人のなかでは遅ればせながらもアスレチックを半周できるところまで腕前を上達させていたまゆみちゃん。だいぶ乗れるようになってきたという達成感がきっとあったのでしょう。そして、自信もつき、それまでのなかまと共感の思いを寄せ合えるような学童保育の生活もあるからこそ、自分よりも先に一周できたしずかちゃんに「よかったなー」と、心からのことばがでたのだと私には思えました。

近ごろ、子どもたちのようすを見ていて、負けているなかではやる気になれない、リードされるとすぐにあきらめてしまう姿が気になるだけに、一輪車の技量が三人のなかで遅れていても、あきらめずにがんばり続けていたことだけでも、〈すごいなあ、粘り強いなあ〉と思うだけに、この場面での「よかったなー」というまゆみちゃんのことばに、私はとても感動しました。

この後も三人は励ましの声をかけ合いながら一輪車に挑み続け、しずかちゃんは五回、一輪車でアスレチックのまわりを回ることができました。そして、一時間余り挑み続けて、まゆみちゃんもみごとにアスレチックのまわりを一周できたのでした。

家で少し一輪車に乗ったことのある三人が学童保育で乗り始めたことをきっかけにして、これ以降、自由あそびのなかで一輪車がはやり始めました。

これまでしょうこちゃんは、いろんなあそびに参加するものの、なかまとのごっこあそびにはあまり参加していなかったのです。でも、六月の初めには、学校ごっこで一輪車に乗って学校に行く役になったことをきっかけにして、以来しょうこちゃんもごっこあそびにもよく参加していくようになりました。

■自分から一輪車に乗りたいと言い始めたゆりちゃん

ゆりちゃんはというと、六月一日（木）、みんながごっこあそび、一輪車、庭球野球などをして遊んでいるなかで、一人でアスレチックで遊んでいます。そして、今までブランコで遊んでいたしげたか君とゆうや君がブランコから降りてほかへ遊びに行くと、待ってましたとばかりにブランコのほうへ走っていき、乗るのでした。そして、「しょうこちゃん、空いてるでー」と声をかけます。一年生が入ってから、ゆりちゃんはまたときどき一人で遊んでいることがありました。でも一年前のゆりちゃんなら、こんな時一人でブランコに乗っていたことが多かったので、ゆりちゃんのなかま意識の確かなふくらみを感じることができました。

何日かたつと、みなみちゃん②、なっちゃん②、りさちゃん②も、三人に刺激されて一輪車にチャレンジし始めました。

六月一五日（木）。五メートルくらい乗れるようになったなっちゃんが、一輪車に乗ろうとして自分から私の肩を持って立ちあがりました。私はそのまま歩き始めました。なっちゃんはそのまま私の肩を持ちながら、一輪車に乗る練習を続けたのです。何度も何度も。そんななかで、技術指導のポイントが一つみえてきました。少し乗れるようになったら、いつまでも両手を持って援助するだけでなく、こんなふうに援助したほうが自らの力で乗ろうとする流れで練習できることがわかってきたのです。太子橋の指導員は誰も一輪車には乗れません。今までどんなあそびをしても、まず私が腕を磨いたものですが、その私もまさか一輪車がはやりだすなんて思ってもみなかっただけに、初めて自分のできないあそびを指導することを経験したのです。そんなこんなでなっちゃん、りさちゃん、みなみちゃんもだいぶ乗れるようになってきました。

六月一六日（金）。この日は、夏合宿に向けて四班がカレー作りをしました。五月中ごろから二週間に一度、土曜日の昼食用に班ごとに順番にカレーを作ってきていました。一班の子たちがカレーのルーを入れてしばらくすると、とてもいい匂いがしてきます。すると二班だったゆりちゃんは、「ゆりも早く作りたいよー」と言うのです。二週間前も台所にカレーの匂いをかぎにきていたゆりちゃんに、「ゆりちゃんの班は七月やな」と中嶋先生。「えー、七月」とその日を首を長くして待つゆりちゃんでした。

六月二二日（水）。中嶋先生に、ゆりちゃんが自分から「先生、ゆりも一輪車やりたい」と言ってきました。けん玉も子どもにとってはむずかしいあそびだと思いますが、一輪車はもっとむずかしいと思います。六人の二年生の女の子が一輪車にチャレンジし始めるなかで、ゆりちゃんも自分からその難しい一輪車にチャレンジし始めたのです。この日は白木先生がゆりちゃんが乗るのを援助してあげました。

どちらかというと、みんなといっしょに走り回って遊ぶことの少なかったゆりちゃんです。人一倍乗れるようになるのに時間がかかることが予測されました。なんとしてもゆりちゃんも乗れるようにしてあげたいという思いで、なかなか思うようにバランスがとれないゆりちゃんの両手を持って練習したり、「ここまでおいで」と言ってゆりちゃんのほんのすぐ前に立ち、向かってくるゆりちゃんを受けとめてあげたりしました。

　それから一週間ほどで、ゆりちゃんもようやく一メートルほど進めるようになりました。それからというもの、誰に言われるでもなく、来る日も来る日も、指導員がついてあげれない時も一輪車にチャレンジし続けました。

　そんなゆりちゃんは、これまであまり参加していなかったごっこあそびにも自分から入っていき、ごっこあそびをしながら一輪車の練習をするようになりました。同じように一輪車にチャレンジし続ける女の子たちとは、きっとことばにはできない連帯感のようなものが育ってきていたに違いありません。

　一ヵ月近くが経ち、ゆりちゃんは三～四メートル進めるようになりました。お盆休み前には、とうとうアスレチックを半周（二〇メートルくらい）することができました。ゆりちゃんは、白木先生といっしょに大喜び。次の日私は、もしゆりちゃんも一輪車にしっかり乗れるようになったらみんなに提案しようと心に秘めていたことを、まず五、六年生を集めて話しました。それは、毎年、学童保育としてお店を出している淀川パークハウス（太子橋地域のとても大きなマンション）の盆踊りのときに、みんなで、こま、けん玉と一輪車の技披露をしようということです（これまで、この盆踊りでそんなことをしたことはなかったのですが、学童保育の存在を地域の人たちにアピールしていこう。そして、その技披露が子どもたちのあそびの世界を豊かにしていく力になればと、そ

一輪車を楽しめるようになったゆりちゃん（右）左はしょうこちゃん

んなねらいを持って提起したのでした）。

「ええでー」「やるやる、れいは、一輪車な」「僕は、けん玉やったるわ」「オレは、こまやな」とみんなのり気で、さっそくけん玉を練習し始める子もいました。その日のおやつの会で、れいちゃんがそのことをみんなに提案しました。出演するのは二年生以上。「こまの技をする人ー」「けん玉の技をする人ー」「一輪車をする人ー」と聞いてみると、みんなそれぞれ自分の得意なあそびに手をあげていました。でもこのとき、二年生の女の子たちが一輪車にこぞって手をあげたものの、ゆりちゃんは手をあげませんでした。どうやらそこまでの自信はまだなかったようでした。おやつの会の後、「ゆりちゃん大丈夫や、お盆休みの間一輪車を貸してあげるから練習しとき。もうすぐきっとアスレチック一周できるようになるでー。そしたら、ゆりちゃんも盆踊りの一輪車の技披露にでよう」と話すと、笑顔で「うん」とうなずきました。八月一二日（土）～一六日（水）が学童保育のお盆休みでした。

お盆休み明けの日、私は遅番で九時半に出勤しました。そして、中公園に行きアスレチックのほうを見ると、ゆりちゃんが一輪車に乗っていました。私の姿を見ると、ゆりちゃんはすぐにかけよってきて「先生、一輪車で一周できたー」と声を弾ませて言うのです。「ゆりちゃん、三回も一周できたんですよー」と白木先生。「ほんまー、すごいやん。ゆりちゃん、見せて見せて」と言うと、さっそく乗ってみせてくれるゆりちゃんは、確かにお盆前よりさらに上手になっていました。「すごい上手になったなー、ゆりちゃん」と言うと、満面の笑みを浮かべました。「ゆりちゃん、今のと反対に回って、また一周回ってみ。もっと上手になるでー」と話すと、さっそくやり始め、しばらくすると、向きを変えてのアスレチック一周もすぐにやってのけました。

八月二一日（月）からは、子どもたちは、八月二五日（金）の技披露に向けて、一輪車の練習を始めました。こんなことになるとリーダーのれいちゃん⑥の出番です。指導員の期待どおり、いや、それ以上の勢いで、〈一輪車に乗られへん先生は、黙っといて〉とばかりに、一輪車もとてもうまい頼りがいのあるれいちゃんを中心に練習が始まりました。みんな、れいちゃんの指示に従って、一人乗り、二人手つなぎ乗り、メリーゴーランドと次つぎに練習していきます。ゆりちゃんや少し自信のない子は、二人乗りやメリーゴーランドは、れいちゃんとやることになりました。それまでの一ヵ月くらいは、一人で一輪車に乗っていることもあったゆりちゃんでしたが、この五日間は、たくさんの女の子といっしょにワイワイ、キャッキャッと言い合いながら、楽しそうに一輪車やごっこあそびをしていました。

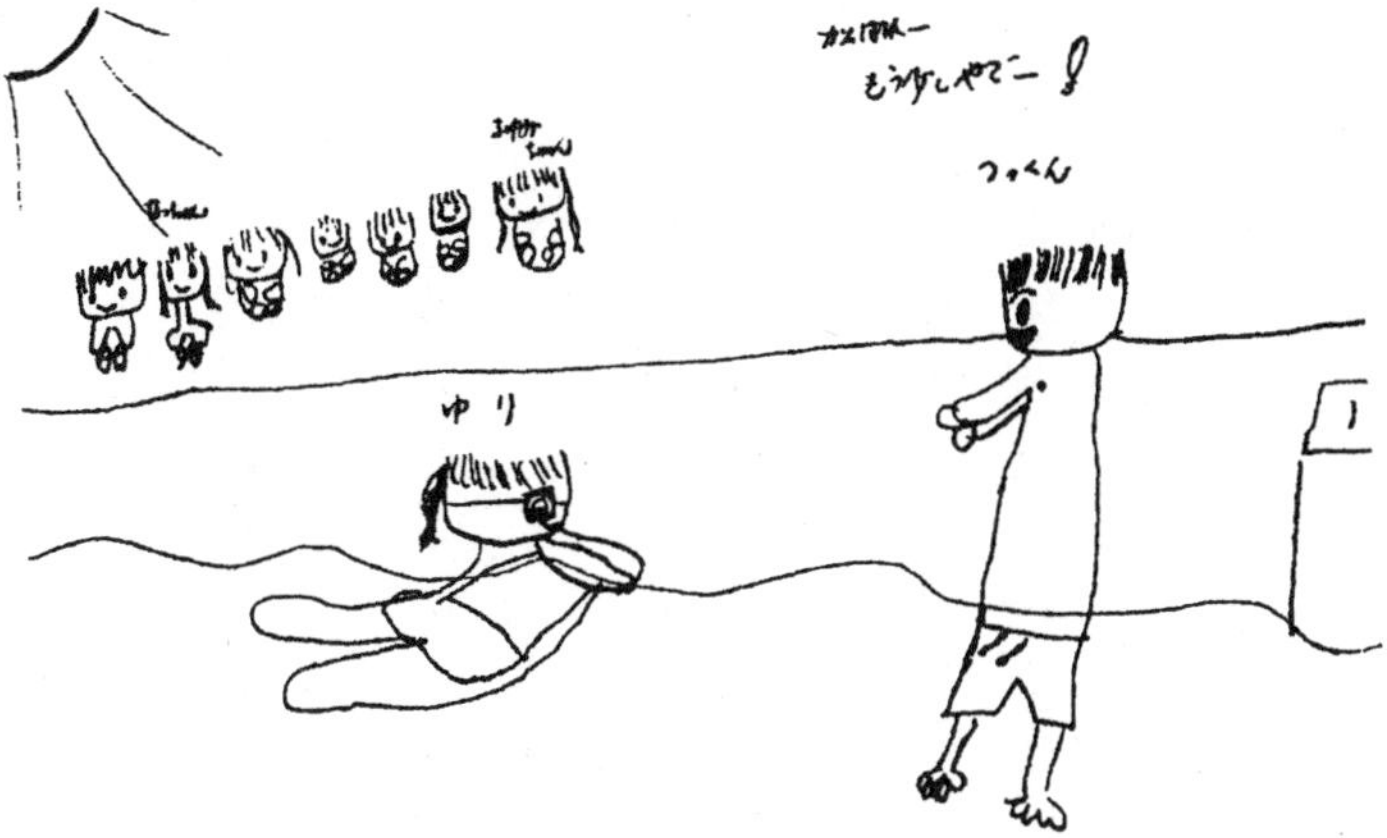

そして本番の前の日には、れいちゃんが「先生、一回、本番の場所でやってみとかなあかんのと違う」と言い出しました。みんなもちろん賛成です。盆踊りの本番の場所の足場は、レンガ敷きになっていました。でも、そんなにでこぼこではないので、けっこう一輪車は乗りやすいこともわかり、本番の成功には、とてもたいせつな前日の練習となりました。当日は「慎吾ママのオハロック」をバックに、ゆりちゃんたちは笑顔いっぱいに一輪車の技披露をみごとにやってのけるのでした。

ここでは詳しく紹介しませんが、太子橋学童保育は、夏休みは毎日のように守口市営の日吉プールに行きます。毎日学童保育を休まずにくるゆりちゃんは、みんなとプールで楽しく遊びまわり、別にスイミングに行ってるわけではありませんが、私から毎日少しずつ教えてもらうなかで、この夏、ドル平で一五〇メートルも泳げるようになっていました。

二年　浜田　ゆり

わたしは、よねだつよし君④に（前に）立ってもらいました。わたしは、きょうはじめて、一五〇メートルいきました。うれしかったです。

■ゆりちゃんを一輪車に挑ませたもの

一年生のほかの六人の女の子が次つぎに一輪車に乗れるようになっていってたわけですが、それにしても、なぜゆりちゃんは、あの日から一日も欠かさず、二ヵ月近くも一輪車にチャレンジし続けたのでしょうか。もちろん、ゆりちゃんが一輪車に大きな魅力を感じたのは、言うまでもないことでしょう。でも、とても難しいのです。その思いだけでやり抜けるとはかぎりません。しかも、なかなか乗れるようにはならなかったのです。二ヵ月近くの間、指導員やなかまの励ましや援助もありましたが、一人でがんばっていたこともよくありました。ゆりちゃんは、そのとてつもないやる気と粘り強さをいったいどこで培ったのでしょうか。私はこれまでの学童保育の生活とあそびのなかで、まだ発揮してなかったすばらしい持ち味、いったんその気になったら最後までやりとげようとするすばらしいやる気と粘り強さが、ゆりちゃんにはあったことを確かめるのでした。でも同時に、この一年余りの学童保育の生活、とくに大なわとびが跳べるようになり大好きになったことと、けん玉のあそびのなかでなかまに自分のことのように喜んでもらうなかで、〝もしかめ〟の新記録を出せた体験などをとおして、やる気と粘り強さ、そしてなかま意識をふくらませてきたことが、ゆりちゃんのすばらしい持ち味をさらに大きくふくらませていったと確信するのでした。

そして、二ヵ月間チャレンジし続けて、みごとに一輪車にしっかりと乗れるようになったこと、なかまといっしょにパークハウスの盆踊りの一輪車の技披露を成功させたこと、また、一ヵ月間、みんなとプールで楽しく遊んでしっかり泳げるようになったことは、ゆりちゃんの心のなかにしっかりと自信とやる気、粘り強さ、なかま意識を開眼させ、もっともっと大きく育てていくまたとないすばらしい体験となったに違いありません。

このように、時には子どもたちからはやりだしたあそびを行事化し、子どもたちの力でその行事を成功させていくように方向づけていくことも、行事活動のなかでたいせつにしたい指導です。このことも子どもたちが心待ちにするような行事、日常の生活とあそびのしっかりとした節目となるような行事を創り出す力となり、そのことがまた、日常の生活やあそびを豊かにし、なかまのつながりを広げ、深めていくことに大きな力となっていくのです。

(4) なかまのつながりの広がり・深まりが、あそびの世界をさらに豊かにしていく

この年の二学期に旭学童保育運動会では、ゆりちゃんは大好きになった大なわとびに出場し、ゆりちゃんのグループは、大記録を出して優勝しました。

大なわとび

二年　浜田　ゆり

わたしは、五六回で一いになれました。（当日の）れんしゅうのときは、一八回しかとべなかったけど、本ばんは、五六回もふえてうれしかったです。いっしょにとんだのは、ちかちゃん①と、三年のゆうや君とれいちゃん⑥と、だん君②です。

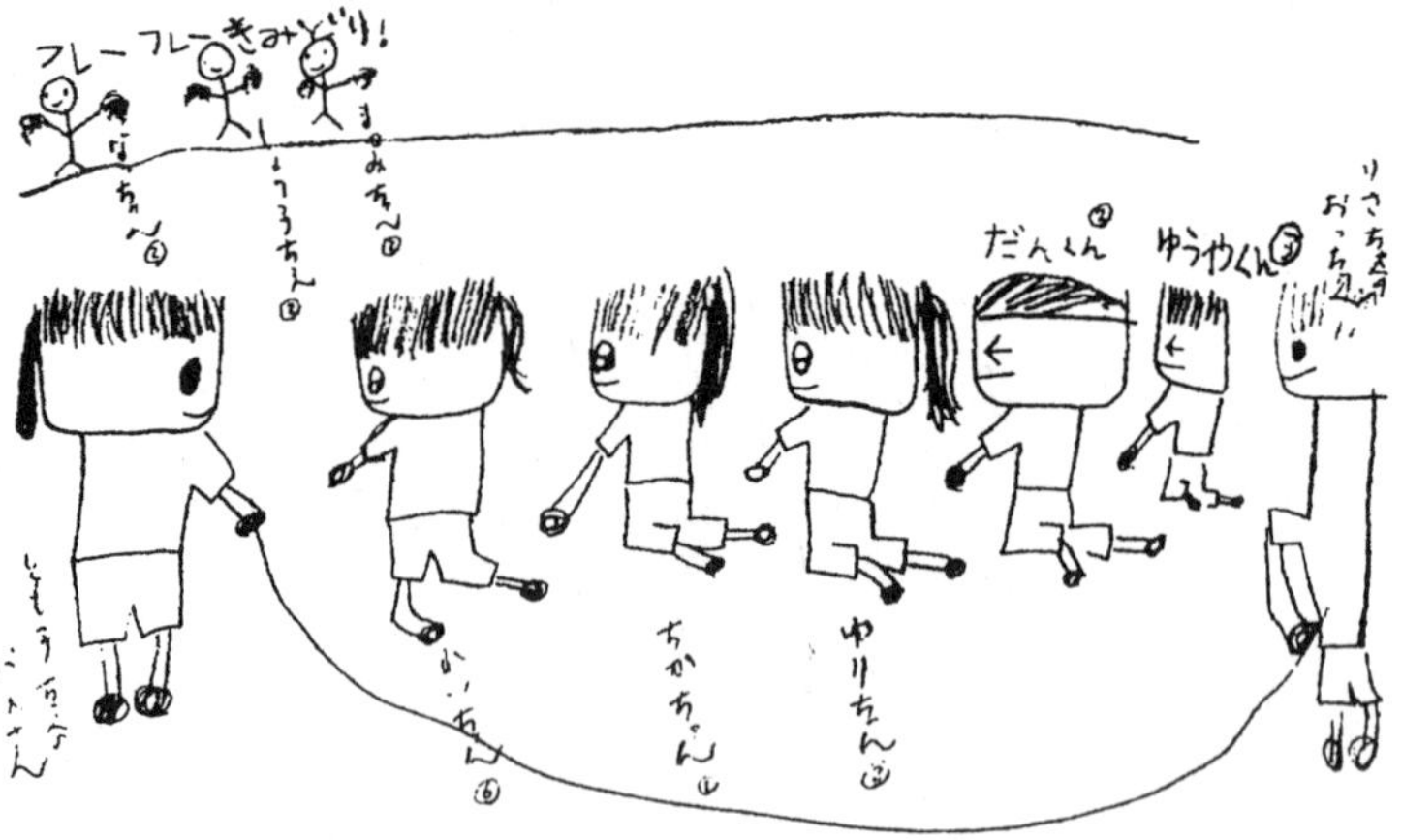

この絵日記を見ると、ゆりちゃんたちがどれだけ楽しく大なわとびをして遊んできたかをわかっていただけるでしょう。そうなんです。大なわとびには練習なんて必要ありませんでした。子どもたちは、運動会の種目に今年も大なわとびがあることを知ると、運動会の練習の合間に、自分たちから「自由あそび」のなかで大なわとびをして遊び始めるのでした。

親子の交流種目としては、今年は王様じんやが行なわれました。この王様じんやにも子どもたちは燃えました。そして運動会が終わった後も、子どもたちはいろんなあそびをしました。そのあそびのなかには、どっかんやこの王様じんやもありました。

ゆりちゃんはそれらのあそびに入り、毎日のように楽しく遊んでいました。

それから、私は、この二・三学期には、低学年の女の子たちにも、高学年や男の子たちが中心になってよく遊んでいるサザエさんやSけんのおもしろさも教えてあげたいと思っていました。引っ張りあったり、押し合ったり、とっくみ合いになったりする合戦型の集団あそびです。

サザエさんやSけんの導入も考えたのは、それらのあそびをした後、〈さっき、思いっきり押されてこけた〉とか、〈とっくみ合いをしてこかされた〉とかということは忘れて、またなかよく遊べるような体験をする、なかま意識にそんな深まりを期待するからです。

一一月二一日（火）。学校から帰ってくると、だいちゃんとてっちゃんは本将棋を始めていました。だいちゃんが優勢な展開でしたが、てっちゃんが途中でたっちゃんと代わると一変して、形勢は逆転しそうなおもしろい展開でした。外あそびに燃えている時期は、帰ってくると、早く公園へ行けるようにすぐにおやつを始める流れをつくっていく彼らだけに、私はチャンスだと思い声をかけました。「やっぱり、たっちゃんは、強いなー」などと話しながら、「久しぶりにサザエさんかSけんせえへんか？」と話しかけました。すると、「ええでー」と応えたのは、だいちゃん。「サザエさんしよ」とてっちゃん。そんな働きかけもあって、まず「自由あそび」のなかで男の子を中心にしてサザエさんがはやり始めました。そこには、そのころ、たまに学童保育に来るれいちゃん⑥も入っていました。高学年を中心にしてサザエさんがはやり出すなか、指導員の間では、もう少ししたら低学年みんなでサザエさんをしてみようと話していました。

でも、サザエさんがはやり始めて一週間後、中公園に行くと、れいちゃんとてっちゃんが「サザエさん、やろう」と言い出し、自分たちから低学年の子（一年二人、二年七人）に誘いかけて始めたのです。この日をきっかけにして、低学年の女の子も、もちろん二年生の七人の女の子も、ときどきサザエさんをして遊びました。高学年の男の子が中心になってやるサザエさんほどの迫力はないものの、それでもやはり、場面によっては引っ張りあったり、押し合ったり、みんな必死の表情で遊んでいます。ゆりちゃんはこのサザエさんにも、ときどき自分から「よせて」と言っ

サザエさん

①広場に図のようなコートを学校の教室くらいの大きさに描きます。
②サザエさんは格闘する合戦型の集団あそびです。攻めと守りの二つのチームに分かれます。
③攻めのチームの子がスタートからゴールまで、白い丸い道を一周することをめざします。一周回れた人数分だけ得点がもらえます。右回りか左回りかは、初めに周り始めた人の向きで決まります。
④守りのチームの子は、攻めのチームの子が回れないように途中で手をつかんで引っ張ったり、体を押したりして白い道から出していきます。攻めのチームの子は道から出てしまうとアウトになります。
⑤島については、どちらのチームの子も行けます。相撲島では取っ組み合いもします。

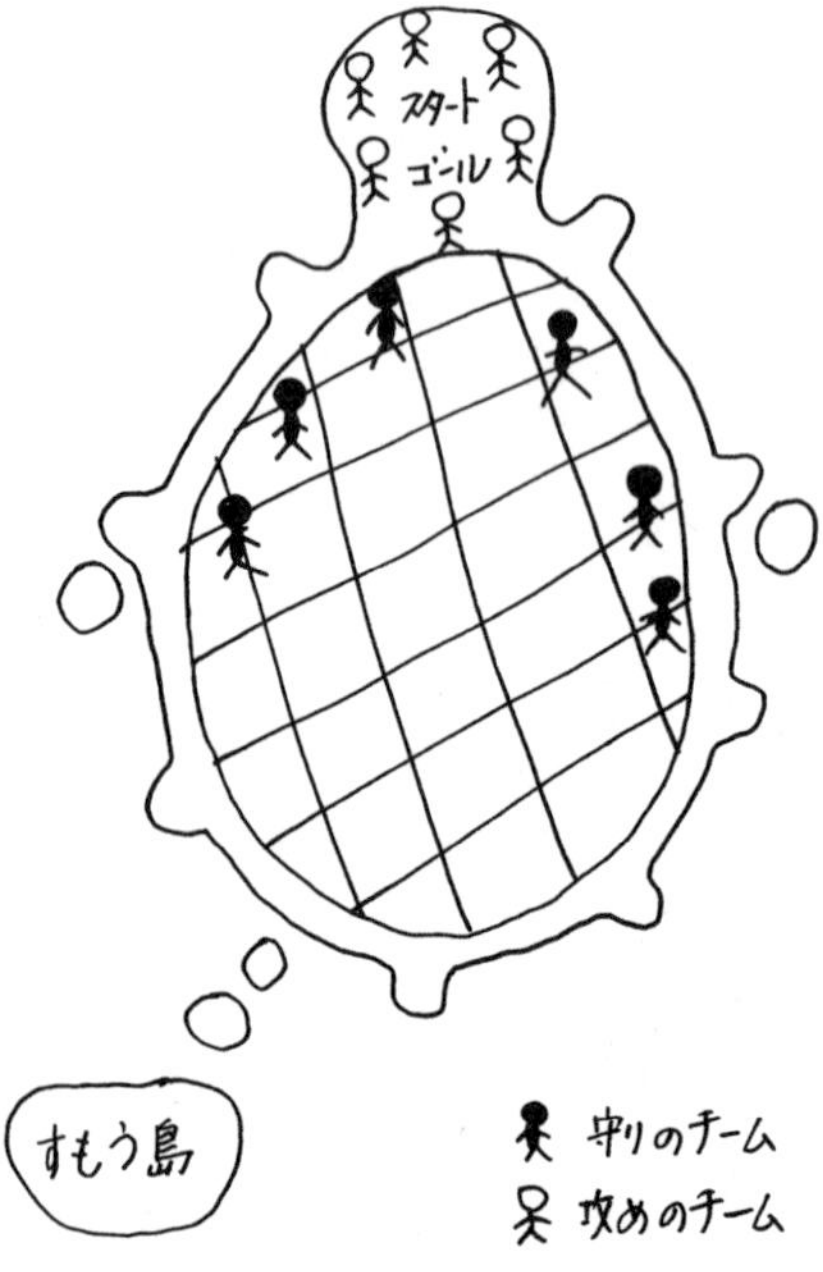

て入ってました。

そして、一二月・一月には、いつもは男の子たちの間ではやるバラドッジやベンチ当ても、軟らかいキャンディボールを使ってですが、彼女たちも自分たちからやり始めるのでした。

(5) なかよく学校から帰ってこられるようになった女の子たち

三学期になり、二年一組の女の子たちが、五人でなかよく帰ってこられるようになったのです。もちろん、まだ、たまに一人になる子がでてくるのですが、毎日のように一人になる子がいた一年生のころとは、なかまのつながりに明らかに大きな変化が見られます。一人になってしまう子がでてくる時も、「ごめん○○ちゃん、△△ちゃんとごっこの話してたら、○○ちゃんがいてないのに気がついてん。ごめんな」と自分たちですぐに解決できようになってきたのでした。二年生の初めごろまで、よく帰り道で彼女たち同士でもめごとを起こしては、誰かが一人になってしまい、「先生、一人になったから迎えに来て」と電話ボックスから電話をしてきた時期とは明らかに違い、成長した姿がうかがえました。

この二年近くの間で、今、三年生になる七人の女の子たちが、行事やとりくみを節目にしながら、どのようにしてあそびの世界を豊かなものにし、なかま意識を広げ深めてきたかを、とくにゆりちゃ

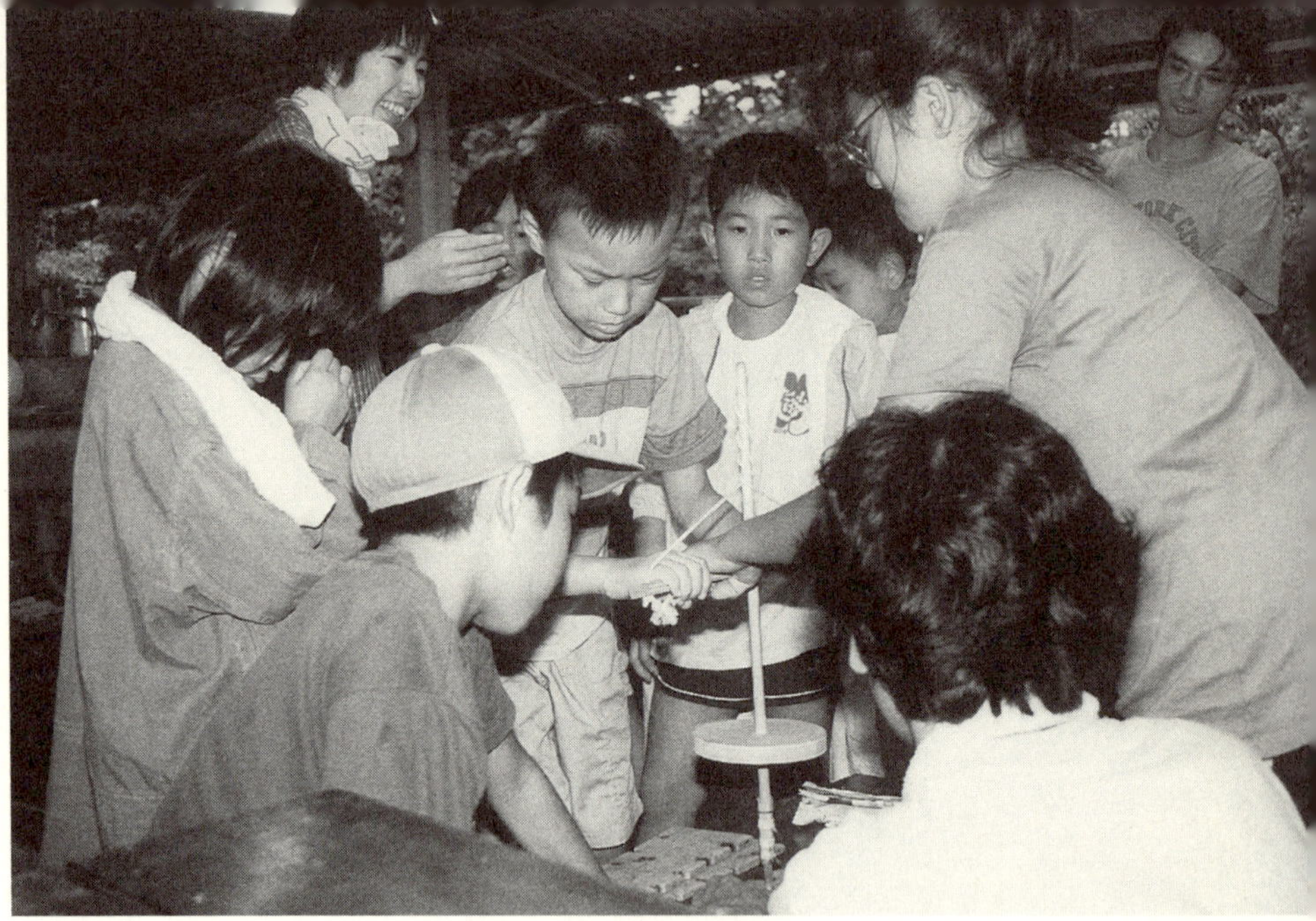

夏合宿で、火おこしに挑戦

んの成長のあしあとを追いながら振り返ってみました。

私たち指導員は、子どもたちが心待ちにし、みんなが楽しいと思えるような行事・とりくみを節目にしながら、やりたくてしかたがないあそびの世界を豊かなものにしていけるよう指導してきました。そのなかで、彼女たちが少しずつあそびの世界を豊かなものにし、なかまのつながりを広げ深めていき、そのことがまたあそびの世界をよりいっそう豊かなものにしてきていることを確かめることができました。

そして、子どもたちのあそびの世界となかま意識を豊かなものにしていくうえで、子どもの興味や関心をとらえて指導していくことと共に、子どもたちの当面の興味・関心事でないことも子どもたちの要求になりうる見通しを持って、行事・とりくみや日常の「自由あそび」中で、指導員の側からもあそびを導入していくことのたいせつさも確かめ合うのでした。

2 指導の意図をしっかりとおさえて

(1) 達成目標と教育目標の二つをおさえる

私は指導目標を考えるうえで、達成目標と教育目標の二つをおさえる必要があると考えています。達成目標とは、「こまの手のせができるようになりたい」「あめんぼがとれるようになりたい」「二人三脚で上手に走れるようになりたい」という、子どもたちが持つ目に見えるような当面の目標です。教育目標とは、○○君があめんぼがとれるようになるプロセスで、指導員が何をたいせつにして働きかけていくのかという、目には見えないような長期的な目標です。一人ひとりの子どもに対して、指導員が持つ課題意識といってもいいでしょう。

私たち指導員が子どもたちに働きかけていくうえで、指導目標のこの二つの側面をおさえて、しっかりとした意図を持って働きかけていくことは、とてもたいせつなことだと考えています。

(2) 行事・とりくみに指導の意図をしっかりとおさえる
――さらちゃんの姿をとおして考える

■いつもかおりちゃんと二人になりたがったさらちゃん

四年前の秋、京都から転校してきたさらちゃんが入所してきました。三年生だったさらちゃんは、転校してきてすぐ、週に一回くらい学校を休むようになりました。お母さんに聞くと、前の学校でも二年生の三学期に学校を休みがちになったことがあるようでした。「親と子の教育相談室」の先生から、転校を機に不登校になる子が増えてきていることを聞いていたので、さっそく、教育文化センターの「親と子の教育相談室」にお母さんといっしょに足を運びました。この教育文化センターでは、ベテランの小・中・高等学校の先生方が子どもの教育相談室をされているのです。相談室の先生は、お母さんの話をじっくりと聞かれたなかで「お母さんもお仕事忙しいて、たいへんやろなー、う〜ん」「さらちゃんは、寂しいんやろうなー」「学校の先生のことなー……」「学童保育には毎日行ってるねんなー。学童保育での生活はたいせつにしてくださいよ」「家庭では、朝晩は、さらちゃんがお母さんと楽しく過ごせることをたいせつにしてください」と話されていたのが心に残っています。その後もお母さんは何度か教育相談に行かれました。そして、これまで以上にさらちゃんとふれあう機会をたいせつにされるようになったようです。もちろん私たち指導員も、いく度となくお母さんと話しました。

さらちゃんは、毎日のように学童保育にはきていました。彼女は本を読んだり折り紙や工作をするのが大好きでした。でも、さらちゃんはいろんな友だちとかかわるのが苦手なようで、いつも同じクラスのかおりちゃんといっしょにいました。宿題のときも、おやつを食べる時も、遊ぶ時も、いつもかおりちゃんと二人になりたがるのでした。また、台所や机片付けの当番は自分からはやろうとはしませんでした。私たち指導員は、学童保育もいやになってはたいへんという思いで、少しは要求しつつも、四年生の初めごろまではできるだけ、さらちゃんのペースをたいせつにしてあげることにしていました。

四年生になり、さらちゃんはクラス替えもなく、先生も同じ方でしたが、学校を休まなくなりました。四年生の一学期、さらちゃんは、宿題をするときになるとかおりちゃんにしゃべりかけてなかなか進みませんでした。台所と机の片付けの当番は相変わらず自分からやろうとせず、「台所の当番やで」と声をかけても、「えー」ととてもいやそうに言うのです。学童保育のなかまとも、ちょっとしたことでよくもめていました。とくに男の子と言い合いになると、さらちゃんもけっこうきついことばで言い返すのですが、自分がきついことばで言われるのには弱いのです。

■なかまとの生活を楽しめるように

夏休みが近づいた七月初め、中嶋先生から提案があり、さらちゃんがもう一歩成長するには、時間にゆとりのある夏休みがチャンスだと話し合いました。自分が今やりたいこと、やろうとしていることを少し我慢して、まわりの状況をふまえて、相手に合わせたり譲ったりする、あるいは順番を守って、今は～する。つまり「～したい。だけれども～する」という、たいせつな発達課題をくぐっていくこと、なかまといっしょに生活をつくっていくことを楽しめるようになることにこだわって、働きかけていくことにしました。

宿題をする時に、何度注意してもかおりちゃんにしゃべりかけるときは、かおりちゃんと離れるということも約束しました。ほとんどの子は自分からすすんでやるだけに、指導員が意識していないと忘れがちな台所と机の片付けの当番の仕事への働きかけも、曖昧にせず、きちんとやるように要求し始めました。そのようにして夏休みに時間をかけてていねいに働きかけるなかで、さらちゃんは台所や机の片付けは、みんなといっしょにやれるようになっていきました。

太子橋学童保育では、夏休みにはプールに二〇回くらい行きます。まだ友だちのつながりの少ないさらちゃんとは、かおりちゃんといっしょに福島先生が遊んでくれていました。太子橋学童での夏休みは初めてで、あまり泳げなかったさらちゃんに、私は毎日少しずつ泳ぎ方を教えました。まずは、ドル平から。そして平泳ぎも教えました。どんどんと泳げるようになり、さらちゃんはとてもうれしそうでした。福島先生にも、私にも、プールのなかではいろんな子が飛びついてきます。そんななかで、さらちゃんは、プールのなかでは、かおりちゃん以外の子とも遊ぶようになっていきました。そして、夏休み最後に行なう記録会では、さらちゃんはなんと平泳ぎで五〇〇メートルも泳ぎきったのです。

〈さらちゃんの夏休み最後の記録会の作文〉

はじめて　五〇〇メートル泳げた。私は、八月二四日に日吉プールできろく会をしました。さいしょは、（たぶん、あまりおよげないとおもうけど、がんばろう）と思いながら、およいでいると、まえみたいにくるしくなって　ひまだったので　自分がどれだけ泳いでいるか　けいさんしながらおよいでいると、いきなりはなにみずがはいってきてびっくりしたら、もう一五〇メートルおよいでいて　自分でもびっくりしました。

それから、なんかいか水をのんだりしながらおよいでいると、まさこちゃんも　ふくしませんせいといっしょにおうえんしてくれました。それから、ずっとおよいでいたら、五〇〇メートルおよいでいました。でも、もうちょっとおよぎたかったです。

夏休みの初めのころは、ほとんど泳げなかったさらちゃんが、五〇〇メートルを泳ぎきったのには、私も驚きました。作文には、もうちょっと泳ぎたかったですと書いているのですから……。でも、私がそのこと以上にうれしかったのは、まさこちゃんが応援してくれていたことをさらちゃんがしっかりと受けとめていたことです。そして、プールのなかでさらちゃんもいろんな子となかよく遊べるようになってきたことでした。

さらちゃんはこの水泳での体験で、きっと、(私も、やればできる) という思いをふくらませ、自信とやる気、そしてなかま意識を大きく育てたに違いありません。

■一年生全員と二人三脚ができたことを喜ぶ

さらちゃんは、折り紙や工作が大好きです。そこでそのことを意識して、九月の初めにペーパークラフトを自由あそびとして導入しました。そうしたのにはもう一つ理由がありました。九月の中ごろから運動会に向けたとりくみがはじまるのですが、さらちゃんがやる気になっていくためにも、とりくみが始まる前の学童保育の生活に、さらちゃんにとってやりたくてしかたがない活動をつくり出したかったのです。ペーパークラフトには、工作が大好きな子が集まってきました。なかでもさらちゃんは、ウサギやリス、ペンギン、そして、牛やトナカイ、ニワトリなどたくさんの作品を作り上げました。さらちゃんの作る作品は上手なだけに、まわりの子に「さらちゃん、うまいなー」と認められる機会にもなりました。家ではさらちゃんは、一・二年生たちにペーパークラフトを教えてあげたことをうれしそうに話していたそうです。

太子橋学童保育では、毎年、旭学童保育運動会に向けて、九月中旬ごろからこまあそびにとりくみます。こまが回せるようになり、カンのせができるようになったさらちゃんは、こま鬼やこまの氷鬼に参加するようになってきました。ここがこまあそびのいいところです。回したり、カンのせをしたりなどの技を磨くうえでは、こまはマイペースにでも楽しめるのです。でも、カンのせができるようになると、走り回りたくなる。そんな時に、まわりの子たちが楽しそうに手のせやカンのせをしながら走り回り、こま鬼をしていると、自分もやってみたくなるのです。さらちゃんも、かおりちゃんといっしょにこま鬼に入っていきました。そして、こまの氷鬼がはやりだすと、そのあそびにもさらちゃんはかおりちゃんといっしょに自分たちから入っていくのでした。

また、旭学童保育運動会には、二人三脚、五人つなひき、大なわとびというグループ競技があって、みんないずれかの種目に参加することになっています。さらちゃんは、二人三脚を希望していました。毎日、自由に遊ぶふだんの生活と違って、とくに運動会のグループ種目については、運動会に向けたとりくみという位置付けで一週間あまり、毎日おやつの後の三〇分くらいは練習します。毎年経験している子は、その練習にもやる気満々で参加してくる子がたくさんいます。でも、さらちゃんにとっては二回目の運動会で、ようやく、少しずつあそびの輪に入れるようになってきたところです。とくに二人三脚は、異年齢でペアを組むことになっているのです。さらちゃんにその話をしても、「かおりちゃんと組む」の一点張りです。

グループ種目の練習の日がやってきました。おやつの後、さらちゃんは二人三脚の練習にのぞみました。「四年生は、一年生とペアを組むことになってるから、教えたげてなー」と私が声をかけ

旭学童保育運動会

ると、「エー、一年生とやるのん。かおがいい」「一年やったら、背、合えへんからいややー」とさらちゃん。でも練習を始めると、さらちゃんにも笑顔が出てきて、かおりちゃんと二人三脚を楽しみながらも、一年生とも二人三脚を楽しんでいました。

ところで、当日に向けた二人三脚のペア決めでは、さらちゃんも、かおりちゃんも、りょうちゃん①とペアになりたがったのです。ジャンケンで決めて、さらちゃんはめぐみちゃん①とペアを組むことになりました。「エー」とさらちゃん。一方の一年生たちは、二人三脚ができるようになったのがすごくうれしいようで、一年生同士でも二人三脚をして遊んでいました。

次の日、さらちゃんは学童保育に帰ってくると、私の所にきて何度も聞くのです。

「なあ、先生、私、誰とー?」「きのう、ジャンケンして、みんなで決めたなあ。さらちゃんはめぐみちゃんとやで」と答えるのですが、何度も聞きにくるのです。「何でさらちゃんは、りょうちゃんと組みたいのん？」「だって、りょうちゃんがやりやすいねんもん」とさらちゃん。「でもそれはな、みんなやりやすい子がいてんねんから、いっしょとちがうかー。それで、一年生は、誰とでもいいって言うから、ジャンケンで決めてんやろ」と話してもまだ納得できないようでした。

そしておやつの後、二人三脚の練習です。自由にペアを組んでやっている時はよかったのです。その後私が、「運動会本番のペアになってやるでー」と子どもたちを集めました。この日、めぐみちゃんは習い事でお休みでした。かおりちゃんはりょうちゃんと、さらちゃんはもえちゃんと練習を始めることにしました。ひもを結んであげようとすると、さらちゃんはしょげて半分泣きそうな表情になってくるのでした。私が「りょうちゃんとやりたいんか」と言うと、首を縦に振ります。「でもな、ジャンケンで決めたやんか、自分の思いどおりになれへんこともあるんちゃうかー。めぐみちゃんとも上手に二人三脚できてたやん。今日はめぐみちゃんいてないからまだいいけど、いてたらめぐみちゃんがかわいそうとちがうかー」と言うと、さらちゃんは泣き出してしまいました。それでも、涙をふきふき、もえちゃんと二人三脚をやり始めると、さらちゃんにも笑顔が出てきました。そして、さらちゃんは次の日以降も、めぐみちゃんと運動会に向けて二人三脚の練習を笑顔でやるのでした。

〈さらちゃんの運動会の作文〉

二人三きゃくをして、さーは、一〇月二〇日ぐらいから、二人三きゃくをはじめて、めぐちゃんや、りょうちゃんたちと、あるいてみたり、はしってみたり、いろいろな子とあるいたりしているうちに一年生ぜんいんと走れるようになった。とってもうれしかった。

さーがいちばんいっしょに走りやすかったのは、りょうちゃんでした。でも、かーとじゃんけんしてまけたから、めぐちゃんとやることになりました。そして、ほんばんの日に　かーたちが、大なわしている間に　めぐちゃんが「ぜったい、二にん三きゃくは、一いになりたいねん」って言ってたから、二人で五かいぐらい練習しました。

そして、前の人が「ようい」と言われて「バン」となったしゅんかん、はしりだしたのでびっくりしました。いよいよ、わたしのばんがきて「ようい」と言われて、とってもきんちょうしました。

「バン」となったしゅんかん走りました。となりの人がとってもはやかったけどがんばりました。そして、少しのさで、二いでした。一いになれなかったけどうれしかったです。

「私は、りょうちゃんと二人三脚に出たい。だけれども、かおりちゃんとのじゃんけんに負けたから、めぐちゃんと二人三脚本番に向けて練習する」。旭学童保育運動会に向けた二人三脚の練習も、「～したい。だけれども～する」という、さらちゃんにとってたいせつな発達課題である〝けれども行動〟をしっかりとくぐっていくうえで、すばらしい体験となりました。
そして運動会後、「自由あそび」のなかで合戦型の集団あそびである、どっかんがはやり始めていました。

一〇月二二日（木）。中公園でたくさんの子がどっかんをしているのを、私はすぐそばで見ていました。すると、さらちゃんとかおりちゃんが私に近づいてきて「先（せん）」（さらちゃん）「何や」（私）「なんにもない、なんにもない」（さらちゃん）「先」（さらちゃん）「何や」（私）「何にもない、何にもない」と言ってさらちゃんとかおりちゃんは、離れていきます。そして、またしばらくすると「先、どっかん、よせて」と、さらちゃんはかおりちゃんといっしょに、自分たちからどっかんに入ってきたのです。さらちゃんはこの日、とても楽しそうにどっかんに参加し、その後もどっかんをしていると何度も「どっかん、よせて」と言って、自分から入っていきました。

夏休みの水泳やペーパークラフト、こまあそびなどのなかで、なかまのつながりを広げていったさらちゃん。でも、運動会に向けたとりくみまでは、まだまだかおりちゃんと二人で遊んでいることが多かったのですが、二人三脚をきっかけにしてなかまのつながりをさらに広げていき、どっかんはもちろん、ほかの場面でも、毎日のように四～六名でごっこあそびや鬼ごっこなどいろんなあそびを楽しめるようになっていきました。

五年生の春休みには、劇「てんまのとらやん」を見に行く時に、電車に乗っているさらちゃんは、二人の一年生と手をつないであげていました。「自由あそび」でも一年生に大なわとびを教えてあげたり、母の日のプレゼント作りでロープ人形を教えてあげたりと、そんなかかわりも広がっていきました。そして、五年生になってしばらくすると、さらちゃんは学童保育をよく休むようになりました。そのようすを本人やかおりちゃんから聞いてみると、数人の友だちと集まっていつも遊んでいるというのです。三・四年生のころは、学校でもかおりちゃんと二人で遊んでいることが多かったので、大きな変化で、ほんとうにうれしく思いました。学童保育を急に休みがちになると心配なケースもあるのですが、このときのさらちゃんにとっては、成長した中でのたいせつな体験としてお母さんと共に見守ることができました。

(3)「自由あそび」のなかでも、指導の意図をしっかりとおさえて
——なかまと協力し合ってアメンボが捕れるしげたか君に

しげたか君が一年生だった春、太子橋学童保育のあそびのホームグラウンドである中公園が全面工事中になってまったく使えない状態でした。子どもたちは毎日淀川の河川敷に遊びに行きました。サッカーや庭球野球、ごっこあそび、鬼ごっこ、かくれんぼ、大なわとび、水公園の小川でのあそびなどいろんなことをして楽しんでいました。小川では、子どもたちは、よく葉っぱ流し競争をして遊びます。

四月になると、子どもたちは小川でアメンボを見つけて、アメンボ捕りを始めました。初めはな

かなか捕れなかったけど、そのうちにしだいに上手になってきました。川幅はほとんどの所が一メートル半ほどあって、子どもたちには跳んでは渡れません。だから、二人組や三人組でアメンボを捕り始めたのです。小川を挟んで向かい合って、アメンボに逃げられると、向こう側にいるペアの子のほうへアメンボがいくように、アメンボに水をかけるのです。そうして、近づいてきたアメンボを手でつかみ、牛乳パックに入れるのです。

一方、生き物が大好きな一年生のしげたか君は、一人でアメンボを追っていたので、なかなか捕れません。自分が追っていたアメンボをりょうた君③とてっちゃん③が捕ろうとすると、「あかん、それ、ぼくが見つけたアメンボやで」としげたか君。また、違うアメンボをりょうた君とてっちゃんが捕ろうとしていると、今度は横からきてそれを捕ろうとするのです。しげたか君は二人に、「おい、しげたか、じゃますんなよ」と言われてしまいました。

学童保育に入ったころのしげたか君は、マイペースに遊んでいることが多かったのです。上級生にも生意気な言い方をしてしまうこともよくありました。入ってすぐのころ、こんなことがありました。六年生のじゅん君が、紙で素敵な作品を作りました。すると「そんなん、僕でも作れるわ」としげたか君は言ってしまうのでした。じゅん君はこのときは何も言いませんでした。私が「しげたか君も工作が好きやねんなあ」と声をかけると、「うん」と応えます。「だから、僕にも作れるわって、言ってんなあ」「うん」「でもなあ、しげたか君は、今、六年生のじゅん君に『そんなん、僕も作れるわ』って、こんな言い方してたでえ」「……」「なあじゅん君、そんな言い方されてうれしかったかあ」「そんなん、いやに決まってるやろ」「しげたか君、そんなときは、『じゅん君、うまいなー。僕もこんなん作れるで』ってかわいらしく言うたほうが、上級生に好かれるでぇ」

とまあ、こんな出来事がよくありました。しげたか君には、同級生とはもちろんのこと、上級生とのつながりも育てていきたい。そんな課題意識を持っていました。

しばらくして、しげたか君のそばで私は、「てっちゃんとりょうた君とゆうや君①は、三人で協力し合って、上手にアメンボ捕るなあ。しげたか君も一人でやるより、二人組になって協力し合ったほうが、アメンボ捕れるでぇ」と何度かつぶやきました。はじめしげたか君は「一人で捕れるもん」と言っていましたが、なかなか捕れないし、札内先生はなんかつぶやいてくるし、とうとうほっぺたをふくらませて、大きな石の上に座り込んでしまいました。

「札内先生が、なんやかんや言うてくるし、アメンボも捕れへんし、腹が立ったんかー」と声をかけても、しげたか君はふくれたままでした。

しばらくして私は「誰か、しげたか君とコンビ組んだげる子、いてへんかなー」と声をかけると、「ええでー」とゆうや君が引き受けてくれました。ゆうや君が「しげたか、いっしょにアメンボ捕ろう」と声をかけると、しげたか君は立ちあがり、ゆうや君とペアを組んでまたアメンボ捕りを始めるのでした。

それからまたしばらくすると、「やったー、捕ったでー」というしげたか君のうれしそうな声。牛乳パックに入れたアメンボを私に見せにきました。「やったなー、しげたか君」と声をかけると、ニッコリと笑います。そしてさらに私が「しげたか君は、一人で捕ろうとした時は捕られへんかったけど、ゆうや君と二人組を組んだらアメンボがつかまえられてんなー」と言うと、「それは、言うな」としげたか君。さらに「しげたか君も協力し合えるようになってんなー」と言うと、またまた「それは、言うな」と照れ隠しにつぶやく彼は、満面の笑みをこぼすのでした。

この年の一学期は、この後もアメンボ捕りがはやったのですが、この日をきっかけにして、しげたか君は上級生とも二人組・三人組を組んで、なかよく楽しそうにアメンボ捕りをして遊ぶようになっていきました。

五月の中ごろから、淀川の河川敷公園ではモンシロチョウ捕りがはやり始めていました。四本あった虫取り網で、四人の子がチョウチョ捕りを始めていました。そこへ「僕にもやらせてー」とゆうや君もやってきてました。すると、「そしたら、僕、しげたかと組む」とつっ君②。

「目標、ゲットしたでー」とゆうや君の声。「おねえちゃんにあげよかなー」と言いながら、ゆうや君がモンシロチョウをつかもうとしています。「よかったなー、ゆうや君。でも、長いこと持ってたら、弱るでー」と私が声をかけると、「そうやー、さわったら、白い粉とれるから、さわらんほうがいいでー」としげたか君。そう、しげたか君は虫捕りがうまくて生き物が大好き、そして生き物のことにすごく詳しいのでした。

しばらく遊んでいると、チョウチョ捕りをしていたまさこちゃんが「つっ君、網貸したげよかー」とつっ君のほうへ走って行きました。でも、「いい、しげたかと使うから」とつっ君。

虫捕りがうまくて生き物に詳しいという、しげたか君の持ち味がなかまに認められ、上級生とのつながりができてきたことを教えてくれるうれしい出来事でした。

五月末、三年生のまいちゃんが、アゲハの幼虫を捕まえて学童保育に持って帰ってきました。学童保育で飼いたいというので、さっそくダンボールと透明のナイロンを使って飼育箱を作ってあげました。飼育箱のなかのアゲハの幼虫を見ながら、私が「アゲハの幼虫ってな、卵から出てきた幼虫が、一れい幼虫やでー。それから、一回脱皮した幼虫が二れい幼虫やでー、……、四回脱皮した幼虫が五れい幼虫っていうねんでー。この幼虫は五れい幼虫やで、だからもうすぐさなぎになるでー」と話すと、「へー」と尊敬のまなざしで私を見つめる子がいました。

何日かたつと幼虫はさなぎになりました。アゲハの幼虫がさなぎになったのを見て、「へー」と感心する子、「うわー」とびっくりする子、みんなとても興味深そうでした。

「あと、一週間か二週間くらいしたら、アゲハになるねんでー」と私が話すと、「えっ、そしたら、えいちゃんも退院してるんちゃう」としげたか君。そう、二年生のえいちゃんは、きのう、学童保育で高熱を出して、喘息で一週間入院することになっていたのでした。そのえいちゃんのことを思いやるしげたか君の心温まるやさしい一言だったのです。上級生とのつながりができてきたしげたか君が、上級生のことを思いやるやさしさが発揮できたことをとてもうれしく思いました。

第三章

自分たちの力で遊びきる力を育てる

1　自分たちの力で遊びきる力を育てる

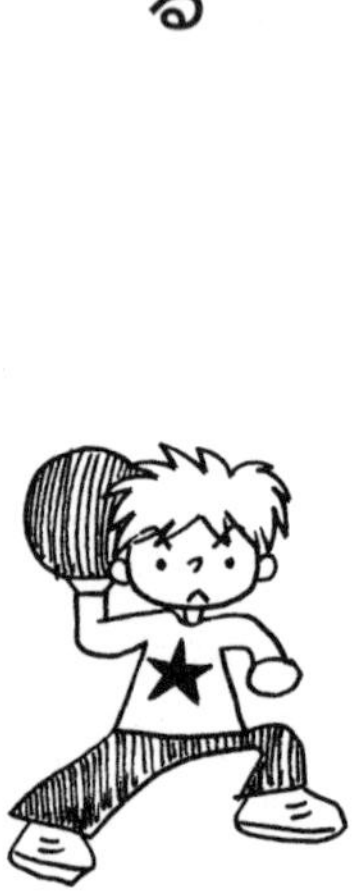

（1）あそびや生活を自分たちの力で創り出していく子どもたちに

■「指導の指導」という指導をたいせつに
――誘いかけ働きかけ合う関係を育てる――

たとえば、子どもたちが「先生、どっかんしたい」と言いにきたとき、私は子どもといっしょに誘いに回ったりはあまりしません。「○○ちゃんと△△君もどっかん好きやで。○○ちゃんと△△君にどっかんしようって誘ってみ」というような働きかけをよくします。また、おやつの会（台所と机の片付けの当番を確認し合う話し合い）がなかなか始まらないときも、指導員が「○○班の子、司会やでー。おやつの会始めやー」なんてことは言いません。○○班以外の三年生以上の子に、

「早く中公園で遊びたくないんか」などと声をかけます。そうすると、「おやつの会、始めな。えーっとう、司会の当番は○○班かー。△△ちゃん、司会行きや」と声をかけ始めます。このように子どもが子どもに働きかけることを指導することを「指導の指導」といいます。このような働きかけをたいせつにするのは、子ども同士のなかでの誘い合いや働きかけ合いを生み出したいからです。私たちはあそびや生活を自分たちで創り出していく力を育てていくうえでいろんな機会にこの「指導の指導」という働きかけをとてもたいせつにしています。

■「おやつと宿題を後にして、先に中公園に行ってもいいねんでー」
――学童保育の生活の流れを見通す力を育てる――

六月のある日。帰ってくるなり、「先生、雨降りそうやなー」とだいちゃん⑤。そうつぶやいたかと思うと、「二班のやつ、早くおやつ用意しろよう」と言う。そんなだいちゃんに私は「だいちゃん、おやつと宿題を後にして、先に中公園に行ってもいいねんでー」と声をかけました。「ほんまー?」とだいちゃん。「どうするかは、みんなで話し合って決めるんや」と言うと、「わかった。そしたら、僕、司会いくわ」とだいちゃん。「みんな、集まれよー」とだいちゃん。「おい、みんな集まれ、集まれへんかったら、しばくぞ」とえいちゃん④。「えいちゃん、しばくなんて言うたら、こわがって学童くるの嫌がる子出てくるで」（私）「わかったわ。みんな、集まれよー」（えいちゃん）

司会のだいちゃんが「雨、降りそうやから、（おやつと宿題、後にして）先に公園に行きたい人ー」

と提案すると、全員が先に公園に行くことに賛成しました。みんな大喜びで中公園に行くのでした。

八月の初旬の終わりの会のこと。「あしたは夏合宿の前の日やから、日吉プールには行かへんでー」と私が話すと、「勉強もなしにしようやー」とだいちゃん。「勉強はやるよ」と言うと、「そしたら、一番暑い一時から二時にやろ」とだいちゃん。私は〈なるほど、なかなかよう考えたなー〉と思いながら、「なんでなんや」と問い返すと、「だって、野球たくさんできるもん」とだいちゃん。「一番暑い時間にいつもは、プールに行ってるけど、プールに行けへんのやったら、その時間に勉強したほうが、ちょっとでも暑くない時間に中公園で遊べるいうわけやなー。なかなか考えたなーだいちゃん。みんなで決めたらいいんちゃう」と言うと、だいちゃんは、さっそくみんなに「あしたの勉強、一時から二時のほうがいい人ー」と聞いていました。みんな、もちろん賛成に手を挙げていました。

翌年の四月のある日、その日は、子どもたちが帰り始めるころに雨が降り始めていました。帰ってきた子どもたちは宿題を始めていました。私は宿題をする子たちについてあげながら、ふと外を見つめ、「雨、やんできたな」とつぶやきました。

すると、（そうや）という表情で、しげたか君④が「先生、先に公園に行っていい」と言い出すのでした。私がここでも同じように応えると、しげたか君が司会をして、「今、雨がやんでるし、今のうちに先に公園に行って、宿題とおやつを後にすることに賛成の人」とみんなに投げかけるのでした。みんな、もちろん、賛成し、こぞって中公園へかけ出していくのでした。

学童保育の生活やあそびを自分たちの力で創り出していく力を育てていくために　子どもたちが、学童保育の一日って「こうせなあかんねん」という思いにとどまっているのではなく、一日の生活を見通して、必要な時にはみんなで話し合って、自分たちで流れを変えていけるように指導していくこともたいせつにしています。

（2）共感の思いを寄せつつ、子どもたちと共にきまりをつくっていこう
――わけを教えてあげることもたいせつな指導

■「先生、男の子が花壇に入ったで」

冬休みのある日、中公園に行くと、「先生、男の子らが花壇に入ったでー」という、れいちゃん⑥の声。中公園の真中にある数本の大きな木のまわりにはたくさんの植木があり、そのまわりは石段で囲まれています。男の子たちは、そのまわりでカンけりをして遊んでいました。ところが、公園の大工事の前なら植木も石段もなかったので、子どもたちは自由に木陰にも隠れることができました。でも今は、花壇に入らないことは、当然、学童保育のきまりになっていました。

「おーい、花壇に入ったんかー」と、たっちゃん④、いいほっちゃん④、けんや君③、えいちゃん③、こうた君②たちに声をかけました。「せんせい、でもなー、（この花壇に）入らんかったら、隠れられへんやん」とたっちゃん。「ほんまや」と子どもたち。

「ほんまやなー、古い公園のときやったら、この木のまわりも隠れられたもんなー」（私）「そしたらいいやんかー」（子どもたち）「先生たちは工事する前の昔の公園のほうがいいと思ってるねんでー。みんなはどう思う?」（私）「前のほうがいいわー、ロープタワーが増えただけやん」（子どもたち）「先生たちも、昔の公園のほうが好きやってんけどなー、でも中公園、すごくきれいになったやん。だから公園を世話してるおじさんも、公園のまわりのおじさんおばさんもすごくこの公園を大事にしてるねんやんかー。公園使うのは子どもだけちがうやろ。だから、この公園では、やっぱり花壇のなかに入ったら、あかんのと違うか」

私がそう話すと、再びカンけりを始めて、石段の外側に隠れ始める子どもたちでした。

■「**バラド終わりー、ベン当て行こう、ベン当てー**」「**あかん、畳に写るから**」

二月になり、アスレチックやロープタワーの所でバラドッジがはやり始めていました。バラドッジ（めちゃ当てドッジ）というのは、鬼が友だちを追いかけ、ドッジボールで当てると鬼が交代になるというあそびです。それをアスレチックやロープタワーを使ってやるのです。

でも、公園には幼児も遊びにきます。地域の人たちから「公園を学童保育の子たちが独占している」という不評がたってはたいへんです。地域の人たちとなかよく過ごしていくためにも、小さい子が遊びにくると、アスレチックやロープタワー、ブランコなどの遊具は譲ってあげるということを、中公園で遊ぶうえでの約束にしています。

アスレチックバラドをして、子どもたちが楽しそうに遊んでいる所へ、小さい子が遊びにくると、しかたなく私は「みんな、小さい子がきたでー」と声をかけます。そうすると子どもたちはアスレチックバラドをやめ、違うあそびを始めるのです。

そこで、子どもたちはまた新たに、あそびを考え出したのです。ベンチ当てというバラドッジです。三〜七人くらいの子がベンチに座ります。そのベンチから五メートルくらい離れた所から鬼がベンチに座っている子めがけてボールを投げるのです。当たればもちろん鬼は交代です。アスレチックバラドやロープタワーバラドは、アスレチックやロープタワーがじゃまをしてそんなにかんたんには、当たらないのですが、ベンチ当ては何の障害もないのですぐに当たるし、距離も近いしとてもハードなあそびです。

春休みになり、八人の子がアスレチックバラドをして遊んでいました。しばらく遊び、盛り上がってきたところへ、小さい子が遊びにきました。（かわいそうやけど、あそびを止めなあかんなー）と思い、声をかけようとすると、自分から「バラド終わりー。ベン当て行こう、ベン当て行こう」と声をかけたのは、まっちゃん⑤。みんなベンチのほうへ集まり、ベンチ当てを始めたのです。

ベンチ当ては、大きい子が投げると迫力満点です。大きい子は、小さい子に投げるときは、加減をしますが、大きい子同士では本気で当てます。

五年生のまっちゃんが本気で投げたボールが少しそれ、誰にも当たりませんでした。すると、「ベン当てするのは、度胸がいるでー」（たっちゃん④）「ほんま、恐いわー」（りょう君⑤）とため息まじりにたっちゃんとりょう君。ドッジボールがすごく上手で、こんなハードなあそびも好きなりょう君でさえそう話すのですから、子どもたちには迫力満点のあそびのようです。

四月のある日、こんなこともありました。延長保育（五時四〇分～七時）の時間、上級生たち数名が宿題をしていました。「先生、マジックで写し絵（半紙などの薄い紙を使い、好きな絵や写真を写すあそび）していい？」とたつや君①。「いいでー」と私。「それで、静かにしてくれるんやったら」と宿題をしていたたっちゃん⑤も一言。たつや君が畳の上でマジックで写し絵を始めようとすると、これまた宿題をしていたてっちゃん⑤が「あかん、畳に写るから」というのです。子どもたちといっしょに確かめてみると、半紙などの薄い紙にマジックを使うと、下に敷く本などにマジックが写ってしまうし、何も敷かずに畳の上でマジックを使って半紙に絵を描くと、てっちゃんの言うように畳に写ってしまうのでした。てっちゃんのたのもしい一言は、きっと自分も経験したなかでの一言だったのでしょう。たつや君はこの後、鉛筆と色鉛筆を使って写し絵をしていました。

どこの学童保育でも、校庭や公園、部屋のなかで遊ぶときのきまりがあるでしょう。そんなきまりを指導員が子どもたちに言って聞かせて守らせている段階から、子どもたち自身のものへと発展させていくこと。さらに、きまりを子どもたち自身が創り出していくように発展させていくことも、たいせつにしたい指導の方向性です。私は、必要なきまりは自覚的に守れてこそ、そして、自分たちで創り出してこそ、自分たちの自由な世界は広がっていくのだと考えています。

（3）道具を管理すること、「買ってほしい」と要求することも

■ボールを管理すること

私には苦手分野でなのですが、道具の管理ができるように指導していくこともたいせつにしたいことです。学校内とは違って地域の公園ですから、ボールなどを忘れると次の日にはなくなっているることがあるのです。学童保育には、日常よく子どもたちが中公園に持っていくボールとして、バレーボール（ドッジ用）、ゴムボール（サッカー用）、キャンディーボール（低学年のドッジ用）、テニスボールなどが一つずつあります。

終わりの会で、谷川先生が「ボールあるか、点検しいやー」と声をかけると、ボールあそびが大好きな子が玄関にあるボール入れの箱を点検に行きます。「あったか、よっしゃ。でも、自分らで声かけて点検できるようになってほしいなー」と谷川先生が繰り返して言っているうちに、だんだんと終わりの会の司会者が「ボールあるか、点検してください」と声をかけるようになっていきました。今ではその声かけの中身が、子どもたちのなかで「あそび道具（外遊び）の点検をしてください」へと発展してきています。

■道具を与え、修理することも

五月ごろになると、チョウチョ捕りを始める子が出てきます。夏には虫捕りが本格的にはやり始めます。バッタ、カマキリ、カナヘビ（トカゲのなかま）、セミ、セミの幼虫、アゲハ、そして、コオロギなどをつかまえるという自然に親しむあそびが展開されていきます。

夏休み前ころから、中公園ではクマゼミの鳴き声が響きわたり、学童保育ではセミ捕りがはやり始めます。この時期になると、私はセミ捕り用に長くつないだ網を作ってあげます。一本作ると、子どもたちは「先生、これもつないで」と言ってきます。チョウチョ捕りのときもそうですが、子どもたちが網を使うとすぐに壊れるのです。壊れかけた網でも子どもたちは公園に持っていきます。そして、しばらくするとそのことに気づき「先生、直してー」とやってきます。私は、ビニールテープを持っていってサッと修理してあげます。虫捕りをしている間に壊れると「先生、直して」と言ってくる子もいます。子どもの前で網を修理してあげることも、また、網の修理の仕方を教えてあげることも虫捕りあそびのなかでたいせつにしています。壊れた網よりきちんと修理した網のほうが虫が捕りやすい。虫捕りもおもしろい。このことを実感させてあげることもたいせつなことだと考えています。また、壊れかけた物、壊れた物でも、修理したらまたきちんと使えるようになることを教えることは、今日の子どもたちにとっては、とくにたいせつなことだと考えています。だから私は、虫網はなるべく子どもらの前で修理をしてあげることにしています。

■あそび道具を買うことを要求することも

七月初め。中公園にセミが鳴き始め、セミ捕りがはやり始めていました。このときはまだ、虫捕り網は一昨年の夏から使っている少し穴のあいた網が二本あるだけでした。でも、子どもたちはそれでもその網を使ってセミ捕りを始めているのでした。そんな時に私は、虫捕りの大好きなしげたか君③に「しげたか君、その網もうぼろぼろになったなー。新しい網ほしないか？」と声をかけるのでした。「ほしいよ。先生買ってくれるん？」としげたか君。「しげたか君、買ってほしいんやったら、終わりの会で『網がぼろぼろで、二つしかないから新しいのを買ってほしい』って意見出し。みんなが賛成してくれたら、先生たちでどうするか相談するから」「わかった」。

しげたか君は、この日の終わりの会で、「新らしい網、買ってほしい」と提案しました。中公園でセミ捕りをするようになった子が増えてきていたので、この提案にはたくさんの子が賛成していました。

その週の土曜日に、れいちゃん⑥、てっちゃん⑤、いいほっちゃん⑤たち高学年の子どもたちが自転車に乗って、千林商店街の一〇〇円ショップに虫捕り網四本を買いに行きました。

そして、夏休みのある日、このごろ、毎日のように庭球野球を楽しんでいた子たちは、この日も朝から庭球野球をしていました。でも、運悪く、打った球が大きな木の上に上がってしまい、ボールがとれなくなってしまったようでした。お昼ごはんを食べ終わると、こうた君③が「たか③、司会いって」とたのんでいます。二人の声かけで話し合いが始まると、「ボールがなくなったから、ボール買ってほしい」とこうた君が意見を出していました。司会のたか君が「野球のボール、買ってほしい人?」と声をかけると、庭球野球をしたことがある子たちがこぞって手を挙げていました。

(4) リーダーを育てていくこと

リーダーを育てていくことは、自分たちの力で遊びきる力を育て、自分たちの力で豊かなあそびの世界を創り出していける子ども集団に育てていくうえでも、とてもたいせつなことだと考えています。このことは、第四章の2、えいちゃん・だいちゃん・たっちゃんのところで詳しく述べます。

2 あそびを工夫し、発展させる力を育ててきた子どもたち

このようなさまざまな働きかけをとおして子どもたちは、みんなで遊ぶことのおもしろさや、なかまのなかで心や体をしっかりと動かすあそびのおもしろさを体得し、自分たちの力で遊びきる力を育ててきました。

そんな学童っ子たちが、自分たちの力で、どんなふうにあそびを工夫し、発展させてきているかを次に紹介します。

(1) ブランコ鬼のなかで

ブランコ鬼は、三年前までは太子橋学童の伝統のあそびでしたが、工事をして新しい中公園になり、ブランコは公園の奥にある幼児公園に移ってしまっていたのでした。でも昨年の春、アスレチッ

クのすぐ横にもブランコが作られたのです。

古い公園のときはブランコが図①のように四つ並んでいて、ブランコの下は土でした。子どもたちはブランコの下に図のように川を書きます。ブランコに乗っている子は、その川に足をつくとアウトです。鬼の子がブランコの鉄の柱のまわりを回ってタッチをしにきます。ブランコに乗っている子はタッチをされないように、ブランコに乗ったまま、川に足がつかないように鬼のいるのと反対のほうに行こうとします。でも、鬼がすごく速く動いたり、急に向きを変えて走り出したりすると、鬼にタッチされたり、あわてて川に足をついたりして、鬼が交代になるというあそびです。

新しくなった公園のアスレチックのそばにできたブランコは二つでした。ブランコの下には、図②のような四角い人工芝が貼られています。さて、子どもたちがこの新しいブランコでどんなふうに遊びだすかを見守っていました。

ブランコあそびのようすは後で紹介することにして、先に新しいブランコで、どのように子どもたちがブランコ鬼をやり始めたかを紹介します。

四月のある日。おやつの後、私がだいぶ遅れて中公園へ行くと、まいちゃん⑤、てっちゃん⑤、りょうた君⑤、つっ君④、りょうちゃん③、りさちゃん②、だん君②たちが新しいブランコでブランコ鬼をしていました。

中嶋先生に聞くと、四〇分くらいブランコ鬼をしていたようでした。ブランコの下は人工芝で川の線が引けないので、人工芝の上にゴムとびのひもを置いて遊んでいたのには、感心してしまいました。

その二日後、つっ君としげたか君③、だん君、ちかちゃん①がブランコ鬼を始めていました。川の線は、木の枝を拾ってきて人工芝の上に並べて置いていたのには（図③）またまた感心してしまいました。そして、鬼になった子はブランコの鉄の柱のまわりでなく、四角い人工芝のまわりを走

図①

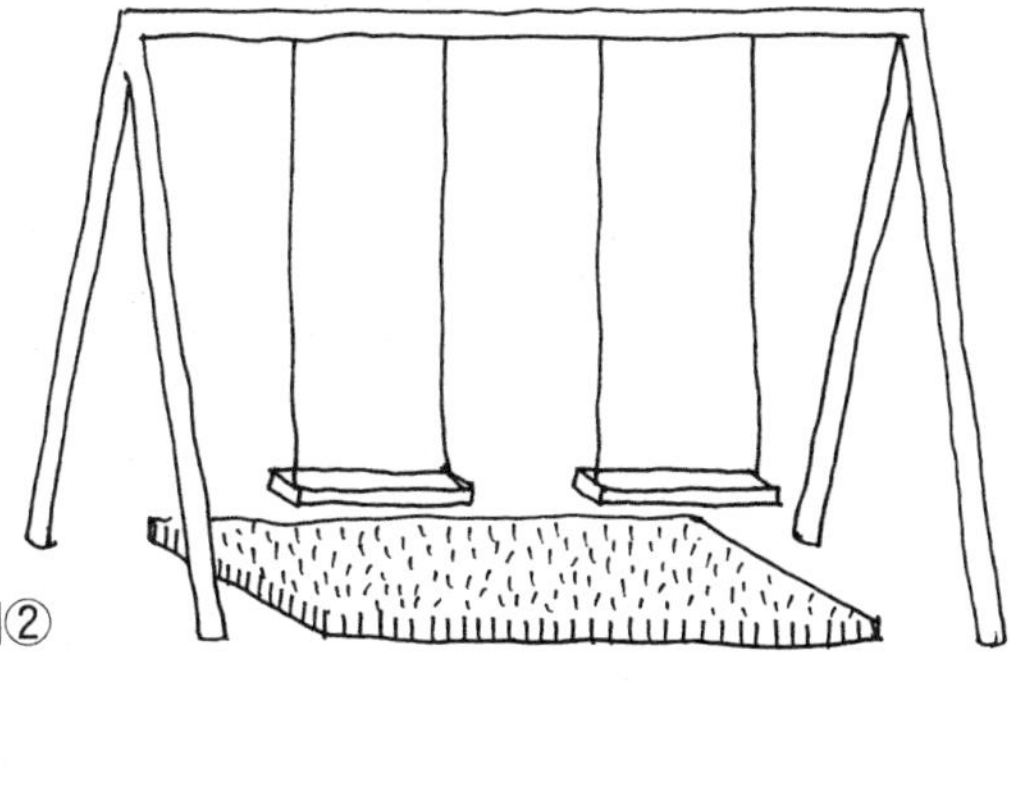

図②

図③

り回っているではありませんか。ブランコの鉄の柱のまわりの距離が少し長く、鬼がタッチをしにくいのでそんなふうにルールを工夫したようでした。

それから、また数日後、つっ君とゆりちゃん②、ゆうき君②、はっとりさん⑥（近所の子）がブランコ鬼を始めました。鬼になったゆうき君が、「ここ、（芝生のまわり）通っていい？」と聞くと、「いいでー、そのかわり、横からタッチするのなしやでー」とつっ君。しばらくすると、ゆりちゃんは、おじさんが犬を連れて散歩にきたので、ブランコから五メートルほど離れたところで、その犬と遊んでいました。私が「ゆりちゃん、犬と遊んでんのん」と言うと、「うん」とゆりちゃん。「ブランコ鬼、やめたんか？」「ううん、鬼になるん、待ってんねん」。そうなのです。ブランコは二つなので、鬼と合わせて、そのつどブランコ鬼をして遊んでいるのは三人です。このときは四人で遊んでいたので、一人はブランコに乗っている子が鬼にタッチをされるまで待っているというわけです。そして自分の番がくると、鬼として入っていくのです。

この新しいブランコ鬼の展開をみて、「子どもたちに遊びのルールを自分たちで工夫できる力が育ってきてるのがうれしいですねー」と中嶋先生に話しかけると、「そうですねえ。新しいブランコで初めてブランコ鬼をした日に、人工芝の上にゴムとびのゴムを置いて川を作ったのは、久しぶりに学童にきたまいちゃんでしたよ。それからブランコ鬼のルールも、やるメンバーによってルールが違うんですよ」と中嶋先生。「おもしろいですね。きっと同じメンバーでも、違う日には、またルールが違ったりするんでしょうね。遊びを工夫する力がしっかり育ってきてますね」（私）。

(2) ブランコあそびのなかで

――順番を待つこと、かわりばんこができるようになること、ひたすら待つことも

四月のある日。しょうこちゃん②となっちゃん②がブランコに乗って遊んでいると、「代われよう、交代やぞう」とゆうや君③。ブランコに乗りながら「女は五分言うけど、オレら三分やねん」とぼやくゆうや君。「オレなんか、二分やねん」と横に乗っているだん君②。五、六人の子がそれなりに約束を決めて、かわりばんこにブランコに乗って遊んでいるようでした（このブランコのすぐ近くに公園の柱時計があるのです）。

五月のある日。まゆみちゃん②とゆりちゃん②、りさちゃん②、しずかちゃん②がブランコのほうへ行きました。少し相談しているかと思うと、まゆみちゃん（立ちこぎ）とゆりちゃん（座りこぎ）、りさちゃん（立ちこぎ）としずかちゃん（座りこぎ）に分かれて、二人乗りのブランコあそびを始めていました。しばらくすると、「交代なー」とりさちゃん。すると、それぞれ立ちこぎと座りこぎを入れ替わって、またブランコをこぎ始めていました。しばらくすると、しょうこちゃんとなっちゃんがやってきて、「私らもよせて」と声をかけます。この日はこうしてかわりばんこにブランコの二人乗りを楽しんでいました。

女の子たちが、ブランコから離れると、先ほどまでカナヘビ捕りをしていたしげたか君とゆうや

君、まさたか君、だん君、けいすけ君がやってきました。先に着いたゆうや君としげたか君がブランコに乗ると、「ブランコ五分で交代なー。三分でいいわ。やっぱり五分な」とゆうや君。「今、一分たったでー」とけいすけ君。「ほんまー?」としげたか君。「だって、今、(時計の)針、動いたもん」とけいすけ君。

(3) 庭球野球のなかで

二年前、七月からすごくはやり始め、一〇月の中旬ごろまではやった上投げの庭球野球。昨年もはやり、今年もまたはやっています。

二年前は指導員がいろいろ助けてあげることがありましたが、今では後ろから見ているだけです。また、見ていなくても自分たちで組み分けして、ルールを確認し、試合が始まっています。

人数が一〇人前後なら、キャッチャーは攻撃チームの子がします。盗塁はなしですが、ランナーのリードはありで、けん制球もありです。ピッチャーがけん制球を投げると盗塁してもいいというルールなのです。そして、「もどり」というルールがあります。それは、バッターがヒットを打った時も、けん制球を投げた時も、ランナーをアウトにできない時は、野手はピッチャーにボールを返すのです。ピッチャーにボールが戻ると、ランナーはそれ以上進めず、たとえば、そのときに三塁のすぐ手前まで走ってきていても、ピッチャーにボールが戻ると、ランナーは二塁に戻らなけれ

庭球野球　バッターはたっちゃん

ばならないというルールです。

人数が少ないと、子どもたちは、「投げまねな」と確認し合います。このルールは、たとえば、バッターが打った内野ゴロを受けた時、その野手が、打ったランナーが一塁につくまでに一塁に向けてボールを投げるまねをしたら、ランナーがアウトになるというルールです。だから一塁手はいらないのです。人数が少ないと守りきれないので子どもたちが考え出したルールです。私はこのルールを初めて見た時、感動してしまいました。

一五人くらいそろうと、守りのチームがキャッチャーをします。こうなると盗塁のルールこそなしですが、パスボールや振り逃げのルールも加わるようになりました。

四月のある日。広場は先客がいて使えませんでした。しかたがないので、久しぶりに少し狭い奥の芝生の広場のほうへ庭球野球組は集まっていました。はじめに少しだいちゃん⑤がノックをしていましたが、「試合しようやー」とこうた君③が言い始めると、「みんな、集まれよう」とだいちゃんとたっちゃん⑤。そして、組み分けが終わると、「三塁のほうは、あの木までがヒットな」「一塁のほうは、あの木までがヒットな」「あそこまで、飛んだら、ホームランな」「（途中で）木に当たっても、ホームランな」「あかん、（途中で）木に当たったら、いいあたりでもホームランちがうこと」などと、だいちゃんやたっちゃん、えいちゃん④が中心になってルールを確認し合い、試合を始めていました。

六月のある日。庭球野球グループとは別に、アスレチックの横で庭球野球を始めているグループがありました。しげたか君③とゆうや君③が「野球しよう」と声をかけると、だん君②とたつや君①も集まってきていました。

二人ずつにチーム分けすると、やっぱり彼らもルールを確認しているのです。しげたか君とゆうや君も先の庭球野球に入って何度かやったことがあったのでした。「なあなあ、振り逃げあり？」「ありにしよう」「パスボールもありやでー」「フォアボールはなしやで」と言い合って遊び始めたのには、失礼ながら私は必死に笑いをこらえて見ていました。野球に詳しい人は、わかると思いますが、パスボールとか振り逃げというのは、かなり本格的な野球のルールなのです。

遊び始めると、振り逃げありではチェンジにならないので、「振り逃げなしにしようや」とゆうや君。

（4）牛乳のふたで、ベッタンを始めた子どもたち

五月のある日。牛乳のふたを使ったベッタン（手に持った牛乳のふたをパチーンと畳にたたきつけ、畳に置いた牛乳のふたをひっくり返すあそび）がはやり始めていました。今まで牛乳のふたを畳の上に置いて、手で畳をたたいてひっくり返したり、口で息を「プォー」と吹きかけてひっくり返すあそびは、はやったことがありました。でも牛乳のふたでベッタンをするなんて、私が子ども時代にはなかったことで、おもしろいことを始めたものだと見守っていました。

数日後、私もそのベッタンに混ぜてもらいました。対戦相手は、たか君③。私が畳にたたきつけた牛乳のふたが「パチーン」と大きな音を鳴らし、次つぎにひっくり返していくと、「うわ、札内先生、めっちゃ強い」とたか君。そう、私が少年時代に鍛えたベッタンの腕前はなかなかのものなのです。本気になって私がたか君とベッタンをしている姿を見て、しげたか君③が「札内先生にも、子ども時代があってんなー」。

翌日、つっ君④、だいちゃん⑤、てっちゃん⑤たちがしていた牛乳のふたのベッタンに混ぜてもらいました。「よせてー」（私）「いいでー」（子どもたち）「言うとくけど、先生はちょっと強いでー」と私は自信満々でした。「ええでー、やったろう」と子どもたち。そして対戦が始まると、だいちゃんもてっちゃんもつっ君も力強い構えで、パチーンと大きな音を鳴らし、次つぎに牛乳のふたをひっ

くり返していくのです。

「うわー、だいちゃん、めっちゃ強い」「うわー、てっちゃん、めっちゃ強い」「うわー、つっ君、めっちゃ強い」と三人の腕前には、ただただ驚いていました。「だって、学校ではやってるもんな」と子どもたち。そして、「風を使ってねんで」と教えてくれたのはてっちゃん。牛乳のふたを地面たたきつけながら、手を振りきるときに手で風が起きて、その風の力も使って地面の上の牛乳のふたをひっくり返しているということを、自分たちなりに分析しているのには驚きました。

これまで学童保育でベッタンがはやったときには、ここまでの腕前ではなかっただけに、ほんとうに驚いてしまいました。それに買ったベッタンでなく、牛乳のふたを使ったベッタンをクラスの友だちといっしょにはやらせ、ここまで腕をみがいたのですから、これはすごいと感心してしまいました。

(5) 子どもたちが創り出したサッカー四人天地

中公園へ行くと、まっちゃん⑤、だいちゃん④、たっちゃん④、りょうた君④、いいほっちゃん④、つっ君③、たか君②、ひー君①、ゆうき君①たちが集まって、サッカー用のゴムボールを蹴り合っていました。近くに行ってみると、地面に一辺が七~八メートルの大きさの図のようなコートを書いてボールを蹴り合って遊んでいます。「なにしてんのー」(私)「サッカー四人天地」(子どもたち)「へー、おもしろそうやなー。誰に教えてもらったん」(私)「まっちゃんやで」(子どもたち)。ここまで聞くと私は、胸を躍らせました。そう、学童保育ではやった、手でテニスのようにバレーボールを打ち合う四人天地をクラスの友だちのなかでもまっちゃんがはやらせ、そして、自分たちでサッカー四人天地という新しいあそびを創り出してきたのだろうということが想像できたからです。

「まっちゃん、このサッカー四人天地、クラスの友だちといっしょに自分らで考え出したんかー」「そうやー」「学童でやった四人天地をクラスの友だちともやって、自分らで、サッカー四人天地を考え出したいうわけやなー。さすがや、まっちゃん」

手でボールを打ち合う四人天地よりも、サッカー四人天地は、足でボールを蹴り合うだけにむずかしくて、初めは思うように蹴り返せないのですが、子どもたちは日ごろサッカーも楽しんでいることもあって、しばらく遊んでいるうちにボールを相手コートに蹴り返せるようになっていました。

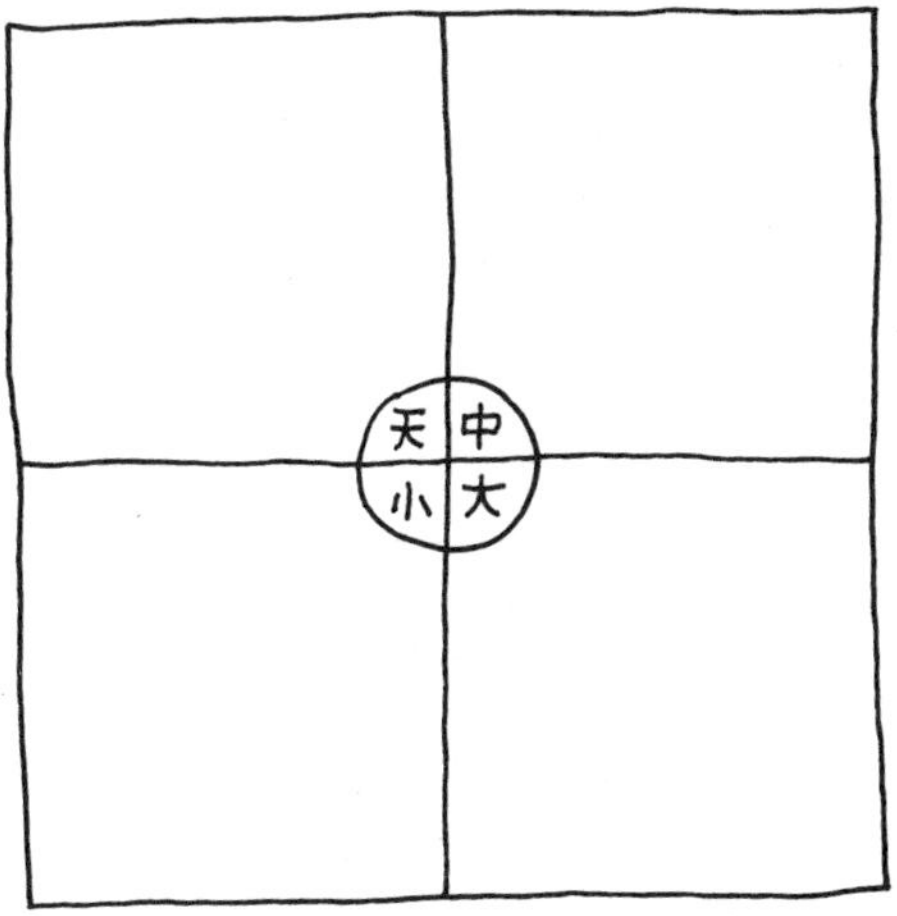

（6）指導をめぐるさまざまな傾向について

ここまで、主としてあそびの指導について私たちの実践を述べてきましたが、学童保育でのあそびの指導をめぐっては、いろいろな傾向がみられます。

その第一は、指導員の思いが先行する傾向です。子どもが遊べない、遊ばないと、子どもの現実を一面的にとらえるあまり、今日の子どもたちなりに生きいきと遊ぼうとする姿にしっかりと目を向けようとはせず、「あれもさせたい」「これもさせてやりたい」と、指導員の思いが先行し、いつまでたっても子どもにとってのあそびの活動が「やらされるあそび」「やらせてもらうあそび」の域を越えない場合があります。

第二は、指導員があそびを導入することを否定する傾向です。あそびは、そもそも子どもが創り出すもの、大人が教えたのではあそびではないというのです。とはいえ、そう主張しながらも実はその人もあそびを教えていたりするのですが……。

第三は、あそびには指導はいらないと考える傾向です。あそびは、子どもにとって「自由」な活動であり、そこに大人が指導を加えたのでは子どもの「自主性」が損なわれる。大人が指導したのではあそびが「あそび」でなくなるというのです。でも、そう言いながらこのタイプの人もまた多くの場合、実際には指導をしているのですが……。

独創性ということがそうであるように、子どもたちが創り出すあそびの世界も、無から生まれるものでなく、これまでのいろんな大人やなかまと出会うなかでのさまざまな経験や、そのなかで培ってきたたくさんの知恵を力にして生み出されたものだと私は思うのです。

私は、子どものあそびの世界は、大人からの指導もあってこそ豊かになると考えています。今日のように、放っておいてはテレビゲームやカード遊びだけにのめり込んでしまうような子どもたちのあそびをめぐる環境があるなかでは、よけいに大人からの働きかけは重要です。

行事・とりくみをめぐっても、あれもさせてやりたい、こんなことも経験させてやりたいという指導員や親の思いが先行して、子どもたちの現実の生活から離れ、「えー、やらなあかんのー」「えー、行かなあかんのー」という状態のまま、それらの活動を進めてしまう傾向があります。

また逆に、行事や行事に向けた練習には強制がともなうものととらえてしまい、行事はなるべく練習が必要のないようなものにし、当日を楽しく交流できるようにしたほうがいいという考えに陥ってしまう傾向があります。

さらには、行事やとりくみを否定してしまったり、あるいは「行事やとりくみがなくても豊かな放課後の生活をめざしていく」ことに留まってしまう傾向があります。

私は、子どもの思いをしっかりととらえ、子どもの要求になる見通しを持って指導をすすめる努力を積み重ねていくなら、子どもたちみんなが行事・とりくみを心待ちにし、みんなが楽しめる行事・とりくみにすることはできる。そして、そのような行事・とりくみを生み出してこそ、日常の生活もさらに充実させていくことができると考えています（ただし、行事・とりくみは、多くないほうがよいと考えています）。

子どもたちが自分たちの力であそびを工夫し発展させていく力を育てながら、自分たちの力で豊かなあそびの世界を創り出せる子ども集団に育てていくこと、それはあそびの指導の大きな目標です。

3 地域に豊かなあそび文化を育む 青空児童館という視点

　ある日曜日、偶然に中公園の横の道を通りかかった私は、感動的な姿を目にすることができました。学童保育の子たちといっしょにサザエさんをしている地域の子たちが、友だちを集めて、一〇人ほどでサザエさんを始めているのです。そこには、学童保育の子はいなかったのです。

　四年前学童保育で、ものすごくビー玉がはやったことがありました。もちろん、よく地域の子も参加していました。そんなある日、子どもたちと中公園に行くと、数名の地域の子がすでにビー玉を始めていました。そこには、日ごろ学童保育の子と遊んでいない子もいました。私は子どもたちにビー玉を指導する時、写真のようなビー玉の持ち方を教えてあげるのですが、日ごろ、学童保育の子と遊んでいない子も同じ持ち方をしているので、うれしくなって聞いてみました。「そのビー玉の持ち方、誰に教えてもらったん」と聞くと、「栗原君やでー」といいます。栗原君というのは、よく学童保育のあそびに入ってくる子で、ビー玉の持ち方も学童保育の子どもたちが教えてあげたのでした。

また、学童保育の子どもたちといっしょにドッジボールをやっていて、学童保育の子どもたちが、夕方学童保育に戻ったり、おやつで部屋に戻ると「先生、ドッジボール貸してー」と言って、彼らだけでドッジボールをやっていたりすることはたびたびあります。

太子橋学童保育の子どもたちは、大阪市内でもめずらしいぐらいに大きい太子橋中公園で、毎日のように遊んでいます。私はときどき子どもたちに「中公園に

遊びにくるように、友だちどんどん誘っておいでやー」と言います。また、公園に遊びにきている小学生には、よく「いっしょに遊ぼう。入らへんか」と誘います。そして年一度、一一月末に太子橋小学校で「あそびの学校」という行事も行なっています。地域に豊かなあそびの文化を育んでいくこと、学童保育の子ども・父母・指導員、地域の子どもたちや大人たちの交流の場として、そして、学童保育の存在を地域にアピールし入所運動の大きな力にしていく取り組みとして、毎年二〇〇名近くの子どもたちが参加する行事になっています。

日々の働きかけの積み重ねと、この「あそびの学校」や夏のバザーも力にしながら、中公園には、毎日のように三～一〇名くらいの地域の子どもたちが学童保育の子どもたちといっしょに遊んでい

中公園で。「青空児童館」に集う子どもたち

ます。今、地域に異年齢集団がなくなったと言われますが、学童保育のあそびに入ってくる彼らが、自分たちでサッカーやドッジボールをやるなかまを集めて遊び始めたり、学童保育で教えてもらったこまやけん玉、ビー玉をして遊び始めたり、とくに自分たちでなかまを集めてサザエさんやどっかんなどを楽しんでいることを、ほんとうにうれしく思います。

学童保育の子どもたちにあそびを工夫し発展させていく力を育てながら、自分たちの力で豊かなあそびの世界を創り出せる子ども集団に育てていくうえで、地域に豊かなあそび文化を育てていくということもたいせつにしたいと考えています。地域のあそび文化がさびれていて、学童保育でのあそび文化だけが豊かになっていくことはありえないからです。

私たちは、ほとんどの地域に児童館がない大阪市において、太子橋の真中にある中公園での学童保育でのあそびの実践が、青空児童館の役割をも果たしていくこともたいせつにしています。

第四章

なかまのなかで育ち合う

1 「第二の自我」をしっかりと育む
――りゅうじ君の成長のあしあとから

(1) ほとんど一人あそびをしていた一年生のころのりゅうじ君

りゅうじ君は、今四年生。小さな生き物を観察したり、お絵かきや本を読むのが大好きです。また、自分で紙芝居を作ったりするのも大好きで、できあがると必ず「お母さんに見せてあげんねん」と言って持って帰っています。とくに妖怪やお化けの話が大好きです。生き物や恐竜のことにもすごく詳しくて、「生物学者になりたいねん」と言ったりしていました。でもりゅうじ君は、部屋のなかでも一人で遊んでいることが多く、公園でも、駆け回ったりすることが苦手なこともあってか、あちらこちらの木陰や草陰を歩き回ったり、アスレチックやロープタワーで一人で遊んでいることが多かったのです。

りゅうじ君は、軟口蓋裂により正常な発声がしにくかったため、保育所では友だちから「りゅうじ君、なに言うてるか、わかれへんわー」と言われることがあったそうです。当時のりゅうじ君にとって、そのこともなかまとかかわっていくうえでの大きなハードルとなっていたようです。小学校に入ったころは、少し聞き取りにくいことばがありましたが、今は発生練習を積み重ねてきたのと、口の奥の穴を埋める手術をしたことで、しっかりと会話ができ、聞き取りにくいことばもなくなってきています。

りゅうじ君が一年生の春ごろ、近くの中公園が全面工事に入ったため、毎日、子どもたちは淀川の河川敷公園に遊びに行っていました。そこで野球やサッカー、かくれんぼや鬼ごっこ、だるまさんがころんだや大なわとび、虫捕りをしたり、水公園の小川でごっこあそびや葉っぱ流し、アメンボ捕りなどをして遊んでいました。そのなかでりゅうじ君は、毎日のように小川の所で一人であちらこちらへ歩き回り、川岸に座り込んでは小川を見つめていたり、牛乳パックなどで水を何度もすくっては、すぐにまたジャーと流す、そんなあそびを楽しんでいました。ときどき、中嶋先生に誘われて、いっしょにだるまさんがころんだや鬼ごっこに入るのですが、鬼にはなりたがらず、すぐにやめてしまい、また一人で遊び始めるのでした。私たちはそんなりゅうじ君が、彼の興味・関心のあるあそびの世界をきっかけにして、なかまとかかわることのおもしろさを体得し、なかま意識を育てていけるよう働きかけていくことにしました。

一年生の三学期のことです。淀川の河川敷に遊びに行くと、やはりりゅうじ君は一人で小川の所に座り込んで、いつものように一人で遊んでいました。私は彼の所へ行って「りゅうじ君、何してんの」と声をかけました。

「なあなあ、先生、ここに生き物がいるでえ」「うわー、ほんまやなあ、小さい生き物やなあ」「先生、ここにも、また違う生き物がいっぱいいるでえ」「うわあ、ほんまや」「やっぱり、冬になったら、ここに隠れるのかな」とりゅうじ君。

ミジンコのような小さな生き物に関心を寄せているりゅうじ君の姿に感動しながら、近くにきたしげたか君①にそのことを教えてあげると、「うわあ、めっちゃちっこい」とびっくりしていました。しげたか君が行ってしまい、しばらくするとりゅうじ君は、またビンで水を何度もすくってはジャーと流しながら、今度は、「先生、これは、まじゅう（魔獣）の湖の水をビンにいれてんねん」「この水かけたら、一〇分間で草がまじゅうになるでえ。まじゅうになれー、まじゅうになれー」。そこで私が「まじゅうだー、わしは、まじゅうだー」と声をかけると、「うわー、まいったー、助けてー」とりゅうじ君。

部屋へ戻る途中にりゅうじ君のまじゅうの水の話をしげたか君にしながら、「りゅうじ君、学童にもどったら、まじゅうの絵を描いてーやー」「いいで」「しげたか君もいっしょに描こう」とお絵かきが大好きなしげたか君も誘うと、「そしたら、オレ、キングギドラの描くわ」としげたか君。部屋に戻ると、りゅうじ君はさっそく「まじゅうが、生まれたらこんなんやでえ」と絵を描き始めました。しげたか君は、りゅうじ君の横でキングギドラの絵を描き始めました。「するどい爪で、東京タワーもビルも壊すねんでぇ」としげたか君。「たか①、なあなあ、どっちがキングギドラに似てる」（しげたか君）「先生、見て見て、キングギドラ描けたでー」（しげたか君）「これが、ババリン、これがサタンビア、これがスーリノ」とりゅうじ君は自分が描いたまじゅうの絵の名前を、私としげたか君に教えてくれるのでした。

二年生の六月のある日。やはりまだ一人あそびをしていることが多かったりゅうじ君が、中公園の大きな木の根元にあるありの巣で、ありアイランドを作って遊んでいることを、終わりの会の最後に中嶋先生がみんなに話しました。

翌日の指導員の打ち合わせでは白木先生が、「りゅうじ君は、ありアイランドのことを終わりの会で言ってほしかったみたいですよ。だから、きのうはりゅうじ君とてもうれしそうでしたよ」と話しました。打ち合わせで、りゅうじ君のありアイランドのことを知った私は、さっそくその日のおやつの後、一人で木のそばで遊んでいるりゅうじ君の所に行ってみました。りゅうじ君は木の根元で動き回るありたちを見ながら「橋があんねん。こっちが道で、トンネルがあんねん。これってゴールやで、ありアイランドで山登りすんねん。……ありアイランドパワーアップ！」ととても楽しそうに話してくれました。この日から指導員だけでなく、ときどき学童保育のなかまも、ありアイランドで遊ぶりゅうじ君のところに行って、いっしょに遊ぶ姿が見られるようになりました。

それから一〇日余りたった日のこと。私は子どもたちが学校から帰ってくるのを見はからって、五〇〇ミリリットルのペットボトルの頭の部分を切り始めました。「先生、何、するのん？」と子どもたち。「中公園に行ってな、りゅうじ君とありの巣の標本を作んねん」と私が話すと、「うわー、僕も作りたい」と子どもたち。

中公園に行き、ありの巣を掘って、ペットボトルに土とありをたくさん入れてきたりょうた君④、つっ君③、しげたか君②、りゅうじ君たちは、部屋に戻ってきても楽しそうにありの巣の標本作りの話に花を咲かせます。「エサ、あげな」「エサ、何やろ」「砂糖やで」「クッキーもいいで」と話していると、「虫の死骸もいいで」と言ったのはりゅうじ君でした。「さすがはりゅうじ君。図鑑よう読んでるだけあるなー。ありの行動よう見てるだけあるなー」と私は感心してしまうのでした。

一年生のころは、ほとんど一人で遊んでいたりゅうじ君。でも、自分なりに豊かな世界を描きながら遊んでいるりゅうじ君。そんなりゅうじ君のあそびの世界と、まわりの子どもたちのあそびの世界がつながっていくように、ときどきこのように意図的に働きかけていくなかで、りゅうじ君は少しずつなかま意識を育てていきました。

■宿題や台所当番になかなかとりかかれなかったりゅうじ君

一年生の一学期のころのりゅうじ君は、宿題や台所当番に、すぐにはとりかかれませんでした。りゅうじ君が台所当番だった日のことでした。おやつの後、一人部屋に残って宿題をしていたりゅうじ君は、宿題を終えて図鑑を読み始めていました。「りゅうじ君は、河川敷の小川で遊びたくないんか?」と声をかけると、「遊びたいよ」と言います。「それやったら、台所の片付けしてしまお。

二班の子は、もうみんな台所の片付けして河川敷に行ったでー。りゅうじ君もおわんふいて、河川敷に遊びに行こう」と言っても、図鑑を読み続けたまま、なかなか台所の片付けを始めようとはしません。

「河川敷はすごく広いし、みんないろんな所で遊んでるし、先生が三人みんないかんと危ないから、先生も早くりゅうじ君といっしょに河川敷に行きたいねやんか。だからりゅうじ君、早くおわん一〇個ふいてしまお」と言うのですが、図鑑を読むのをやめず、ときどき「なああ先生、ここなんて書いてあるの」と聞いてくるのです。

それにも答えながら、「りゅうじ君は、図鑑も読みたいねんな」「うん」「河川敷にも行きたいねやろ」「うん」「りゅうじ君、でも、今、おわんふいて行かないと、今日は河川敷には行かれへんで」。それでも、図鑑を読み続けるりゅうじ君に「残念やなりゅうじ君、このままでは今日は河川敷に行かれへんようになってしまうなー。残念やなー」と私が言うと、「そんなにかんたんにあきらめないでよー」と言うのです。私はそんなりゅうじ君がかわいいやらおかしいやらで、笑ってしまいました。そしてみんなが河川敷公園から帰ってくる一五分くらい前に、私はりゅうじ君の腰を持ち上げて、「りゅうじ君、早くおわんふかな、河川敷で遊ばれへんでー」と言いながら、いっしょに台所に行っておわんふきをすませました。

それからいっしょに河川敷公園に向ったのですが、りゅうじ君が河川敷公園の小川に着いたところで、「終わりー、みんな、帰るでー」の声がかかりました。実は、私の働きかけは、このことを見通してのことでした。「りゅうじ君、もう時間やから学童に帰るねんて」「えー、僕、まだ、遊んでないもん」「いつまでも図鑑読んでないで、早くおわんふけたら遊べたのになー。先生も遊びたかったなー」と話すと、「えー」と言って泣き出してしまいました。

私たちは、りゅうじ君が「〜したい。けれども〜する」というたいせつな発達の課題をくぐっていってほしいと願っていました。彼はこんな苦い経験もしながら、なかまや指導員から声をかけられて、宿題や台所当番もしだいにやれるようになっていくのでした。最初は何度も声をかけられてようやくやり始めていましたが、とくに当番は、二年生になるころには、声をかけられるとすぐにやれるようになりました。

(2) りゅうじ君がごっこあそびでお父さんに

一年生のころ、一人で遊んでいることの多かったりゅうじ君ですが、中嶋先生に誘われて、先生といっしょにごっこあそびになかま入りすることもありました。友だちから「りゅうじ君、そこで遊んだらだめ、そこはベッドやから」と注意されたり、「りゅうじ君、そこはトイレやよ」と教えてもらうと、ほんとうにズボンを脱ごうとして、中嶋先生も子どもたちといっしょに笑い合うこともありました。そんなりゅうじ君のなかまとのつながりを、あそびのなかでさらに育てていこうという意図をもって、ごっこあそびのなかでこんなふうに指導していきました。

二年生の春休みのこと、淀川の河川敷に行くと、水公園の所で、五人の一、二年生が新任の白木先生（若い女性指導員）といっしょにお母さんごっこあそびをしていました。そこにりゅうじ君がやってきました。白木先生は「りゅうじ君、お父さんの役して」と声をかけました。白木先生はお母さん役でした。お父さん役を引き受けたりゅうじ君ですが、初めはマイペースにあちらこちらを歩いていました。しばらくすると、りゅうじ君は「ウウウー」とうなりながら寝転がりました。白木先生は「たいへんやで、お父さんが倒れたでー」と言いながら、りゅうじ君をだっこして病院へ運んで行きます。すると、手馴れたものです。病院ごっこも大好きな二年生のりょうちゃん、もえちゃん、めぐみちゃんたちが中心になって、あっという間に受付・看護婦さん・お医者さん役が決まり、病院ごっこが始まりました。白木先生のこの働きかけにすぐに対応し、さっと、病院ごっこを始めた二年生の三人は、日ごろからごっこあそびが大好きな子たちでした。白木先生は、ごっこあそびの指導のセンスは抜群でした。二年生の三人のごっこあそびを展開する力に期待してそう働きかけたのです。この日りゅうじ君は、お母さんごっこにも、病院ごっこにも楽しそうに参加していました。

(3) 友だちに声をかけていけるようなかかわりを育てていきたい

こうして、なかまとのつながりを少しずつ広げてきているりゅうじ君ですが、指導員の働きかけがないと、部屋でも中公園でも、やはり一人で遊んでいることが多いのでした。指導員の間では、りゅうじ君のなかまとのかかわりを育てていくうえでのキーポイントとして、りゅうじ君から「〇〇君何してんの」「〇〇ちゃん、ほらほら、これ見て見て」と声をかけられるようになることにこだわり始めていました。

こんな時に私は、加藤繁美氏の『子どもの自分づくりと保育の構造』(ひとなる書房)という本に出会います。

「あそびはたえず、子どもに直接的衝動にさからって行動すること、もっと大きな抵抗の路線で行動することを要求する。ただちに走り出したい——これはまったくそうなのだが、あそびのルールは待ちなさいと命令する。子どもは、なぜいますぐしたいことをしないのだろう?それは、遊びの構造のなかでは、ルールを守ることが、直接的衝動の満足よりも大きな楽しみを遊びが約束するからです。……遊びのなかで子どもは、たとえば病人のように泣くが、しかし遊戯者としては笑っている。子どもは遊びのなかでは直接的衝動をしりぞけ、遊びのルールに自分の行動をすべてあわせるようにする。(ヴィゴツキー)

つまりごっこ遊びのなかで子どもたちは、直接的衝動である自我世界をおさえて、遊びに内在するルールの世界に従って生きようとするというのです。しかもそれが、そのルールの世界に従ったほうが遊びがより楽しくなるからだと説明されているのです。ごく自然に、自ら求めながら『第二の自我』を生きていこうとする子どもの姿がごっこ遊びの世界にはある……。ま

さにそういうことなのでしょう」（一一三頁）

ここに記されているように、ごっこあそびのなかには「第二の自我」を形成する重要なエネルギーが含まれています。私は、りゅうじ君がなかまのなかで、ごっこあそびのおもしろさを我がものにしていけるように指導していくことをとおして、りゅうじ君の心のなかに「第二の自我」をしっかりと育てていきたいと考えたのです。

（4）幽霊タクシーごっこ

二年生の秋も終わりのある日、ロープタワーの所でりゅうじ君が「おんぶしてー」と言ってきたので、白木先生はおんぶしてあげました。でも、ごっこあそびの指導にたけた白木先生のこと、そのままでは終わりません。「何丁目まで行きますかー」と白木先生。りゅうじ君はニヤリと笑って、「三丁目まで、お願いしまーす」。白木先生はさらに「え？　地獄の三丁目ですか？」。りゅうじ君は笑いながら「ちがう、ちがう」。でも、白木先生はためらわずに「では、地獄の三丁目に行きまーす」と出発し始めます。するとそばにいたみなみちゃん①が「タクシーみたい」とぽつり。白木先生は「みなみちゃん、地獄の三丁目まで案内してください」と誘いかけます。

みなみちゃんは笑いながら、二人を石段の所まで案内してくれました。「はい、ここが地獄の三丁目でーす」と言ってりゅうじ君を降ろしました。すると、今度はりゅうじ君が「次は、死神三丁目まで行ってください」と言ってくるではありませんか。もう、うれしくなって「じゃあ、地獄と死神があるとこにしようかー」と白木先生。すると「悪魔も」とりゅうじ君。みなみちゃんは、今度はタイヤブランコまで案内してくれました。ここで、りゅうじ君をタイヤの上で降ろしてあげ、「三丁目だから、三回、回しまーす」と白木先生。

こうなってくると、みなみちゃんも楽しくてしかたありません。「次、乗りたい」とみなみちゃん。「じゃあ、交替なあ」とみなみちゃんをおんぶして、「どこまで、行きますかー」と白木先生。「どこがあるん？」とみなみちゃん。「えっとー、地獄と死神と悪魔やんなー」と白木先生はりゅうじ君に確かめます。「じゃあ、地獄の三丁目」とみなみちゃん。「はい、りゅうじ君、地獄の三丁目まで案内してやー」。すると、りゅうじ君は、さあーとベンチのほうへ走って行きました。三人は、しばらくベンチに座っていました。次にりゅうじ君が「悪魔の六丁目まで行ってください」と言いながら、白木先生の背中に乗ってきました。みなみちゃんは街灯まで案内してくれました。「六丁目やから、六回、回りまーす」。この日をきっかけにして、この幽霊タクシーごっこは、ときどき白木先生と子どもたち三、四人とが楽しく遊ぶごっこあそびの一つとなりました。

（5）三年生になったりゅうじ君の変化

七月の初め、宿題が終わったのにりゅうじ君はランドセルを片付けていませんでした。私が「りゅうじ君、ランドセル、片付けや」と何度か声をかけると、片付けたのはよかったのですが、「りゅうじ、ゆうきの勉強のじゃますんなやー」というしげたか君の声が聞こえてきました。ゆうき君は、りゅうじ君のロッカーのすぐ前に置いてある机で宿題をしていました。りゅうじ君が何も言わずに後ろからロッカーにカバンを入れてきたので、ゆうき君のドリルやノートがひっくり返ったというわけです。

「りゅうじ、あやまれよー」としげたか君。こんな時りゅうじ君は、まだすぐには「ごめん」とあやまれないのです。私が「りゅうじ君は、ランドセル入れようと思ってやんなー」と言うと、「うん」とうなずくりゅうじ君。「そうかー、りゅうじ君は、ランドセルを入れようとしてたんか。でも、りゅうじ君がランドセル入れようとしてたら、ゆうき君が宿題するじゃまになってしもたんは、わかるんか」と繰り返し何度か話すと、「うん」とりゅうじ君。そして私が「どうする?」と言うと、「ごめん」とあやまりました。一年生のころのりゅうじ君は、私がこんなふうに繰り返し働きかけても、すぐにはあやまれませんでした。でもこのころになってくると、他者を意識できる「第二の自我」が育ってきているのがみてとれるようになってきました。

(6)「ゆりちゃん、続きするでー」とりゅうじ君

六月の中ごろ、中公園で「なあなあ、ゆりちゃん、せっかく本持ってきてんから使おうやー。学

校ごっこやるんちゃうん?」と、ゆりちゃん②に誘いかけたのは白木先生。「うん」とうなずくゆりちゃん。「りゅうじ君③もやりたいって言ってたでー」(白木先生)

「りゅうじ君、ゆりちゃんと学校ごっこやろう。先生は、先生やるわー。りゅうじ君とゆりちゃんは生徒なー」。そうは言ったものの、当のりゅうじ君はまだあまり興味がなさそうでした。でも、「では、一列に並んでくださーい」と白木先生が声をかけると、りゅうじ君はタイヤブランコから降りて、ビシーッと気をつけのポーズをしました。すると、ゆりちゃんもその後ろに並びました。先生を先頭に草むらへ。

「今日は、四つ葉のクローバー探しの勉強です。はい、探してくださーい」と白木先生が声をかけると、二人は四つ葉のクローバーを探し始めました。

すると、なぜか小さな声で「先生がいなくなって、(先生が)幽霊になることにしよなー」と白木先生。それを聞いてニッコリ笑うのは、お化けや幽霊が大好きなりゅうじ君。

しばらくして、「先生はちょっと、お手洗いに行ってきまーす」と白木先生が言うと、ニヤリと笑うりゅうじ君。「ちゃんと、探すんですよー」と言いながら白木先生は走って行き、木の影に隠れてしまいました。りゅうじ君とゆりちゃんは、四つ葉のクローバーを探し続けています。しばらくすると、白木先生は木の影から顔をのぞかせました。するとそれに気づいた二人は、「あっ、幽霊やー」と言いながら笑っていました。白木先生が急に二人のほうへ走って行くと、りゅうじ君はあわてて逃げて行きました。りゅうじ君はとても怖がりなのです。そんなりゅうじ君に「どうした

淀川の堤防で。前列左がりゅうじくん

んですか?　りゅうじ君。ちゃんと、クローバー探しをしてますかー。ゆりちゃんは探してますよー」

白木先生は幽霊かと思いきや、やっぱり先生でした。でも、「幽霊やー」とりゅうじ君。「違いますよ。先生ですよ」と白木先生。そんなきもだめしごっこをしばらくしていると、「これ、おおばこやろー」と言いながらりゅうじ君が一本の草を抜いてきました。「もっと、おおばこないかなー、引っ張るやつやりたいねん」とりゅうじ君。「あっ、あるでー。やろう」と白木先生。しばらくおおばこで草ずもうしていると、ゆりちゃんはブランコのほうへ行っていました。

「ゆりちゃん、続きやるでー」と白木先生が声をかけると、りゅうじ君もいっしょに「ゆりちゃん、続きするでー」と大きな声で呼びかけるのでした。私たち指導員にとって、待ちに待った感動的な瞬間でした。

「では、今日はお泊り保育……じゃなくてー、お泊り学校です。用意してきましたかー」と白木先生が声をかけると、二人は並びます。「じゃあ、まず、おふろに入りまーす」と白木先生が声をかけると、「ブランコをお風呂にしよう」とゆりちゃん。ゆりちゃんとりゅうじ君はしばらくブランコに乗っていました。「では、お待ちかねのきもだめしでーす」と白木先生。白木先生が幽霊をやるつもりでいると、「なにしてるん。よせてー」とまさたか君②とたつや君①が入ってきました。

「きもだめしの幽霊やりたい人ー」と白木先生が声をかけると、「ハーイ」とまさたか君とたつや君が元気よく手をあげ、この後も四人の子どもたちは、白木先生といっしょにこのごっこあそびを楽しんでいました。そして、「終わりー、学童に戻るでー」という指導員の声がかかると、「えー、もう終わりー?」とりゅうじ君。「また、続き、あしたやろなー」と白木先生。指導員が声をかけないと、まだまだ一人で遊んでいることが多いりゅうじ君ですが、この日の学校ごっこときもだめしごっこは、とても楽しかったようです。

「ゆりちゃん、続きするでー」とゆりちゃんを誘いかけた一言、「えー、もう終わりー」と、もっとみんなと遊びたがったりゅうじ君の姿に、「りゅうじ君も、ごっこあそびにしっかりとなかま入りしてきたんだなと思い、うれしかったですねー」と白木先生。

この日をきっかけにして、りゅうじ君は幽霊役やお化け役として、ごっこあそびに参加していくようになるのでした。

（7）「あれ、さくらちゃんは?」「えーっ、〈やめんの〉」とりゅうじ君

六月末。おやつの後、「今日は、部屋のなかで遊びたい」とさくらちゃん①とともこちゃん①。二人は写し絵を始めていました。近くにいたりゅうじ君③は絵を描き始めていました。〈この三人と私でごっこあそびができるといいなー〉そんな思いで中嶋先生は、「あんなー、りゅうじ君は紙芝居作るの上手やねんでー。先生、今までりゅうじ君の紙芝居いっぱい聞いたことあんねんで。りゅうじ君、紙芝居作ってー」と働きかけ始めました。すると、「いいでー」とりゅうじ君。りゅうじ君は紙芝居作りが大好きです。中嶋先生には〈りゅうじ君が紙芝居を作り、それをもとに、ごっこあそびで活躍できるといいなー〉というねらいがありました。

「学校ごっこしようか」と中嶋先生が誘うと、「うん」と笑顔で応えるさくらちゃんとともちゃん。「先生は、作文の勉強な」「ともこ、本読みな」「さくら、お絵かきするわ」「りゅうじ君、紙芝居できたら教えてな」と中嶋先生。「さくら、キーンコーンカーンコーンするわ」「ともこもする」「じゃあ、二人でやろう」とさくらちゃん。

しばらくすると、「紙芝居、できたでー」とりゅうじ君。すると、さくらちゃんとともこちゃんが「キーンコーンカーンコーン」とチャイムを奏でます。りゅうじ君は紙芝居を読み始めます。さくらちゃんとともこちゃんと中嶋先生は横に並んで座って紙芝居を聞きます。紙芝居の題名は、パー

ト1『死の知らせ』(祖母からの知らせ)とパート2『げんしょう』(止まった時計と電話)でした。二つともしっかり物語になっていました。「上手やなー」と思わずさくらちゃんが言うと、ともこちゃんも「うん」とうなずきます。「二時間目の勉強するから、また聞かせてな」とさくらちゃん。「じゃー、パート3作るわ」とりゅうじ君。

「こっちは、紙芝居のおじさんの家な」とともこちゃん。「こっちは、学校な」とさくらちゃん。またしばらくすると、「パート3できたー」とりゅうじ君。「キーンコーンカーンコーン」。三人は、また横に並んで紙芝居を聞きました。題名は、『プールからの手』でした。「先生、絵、上手やなー」とさくらちゃん。「すごいなー、お話もうまいなー」と中嶋先生。終わると、三人で拍手しました。

するとまた「パート4作るわ」とりゅうじ君。そこへ、ゆりちゃんが「入れてー」とやってきました。「ゆりちゃん、何になる?」と中嶋先生。「給食作る人になるわー」。

しばらくすると、「ハーイ、できました。今日の給食はカレーです。りんごも付いてますよ」とゆりちゃん。ゆりちゃんはカレーとりんごの絵を描いて持ってきてくれました。

「いただきまーす。おいしいカレーです。ワァー、りんごもおいしいわー」と中嶋先生。すると、「あそぶん終わりやでー」という札内先生の声。「次の紙芝居、聞かれへんかったなー」とさくらちゃん。「また、あしたやろう」とともこちゃん。「りゅうじ君、あしたまたやる?」と中嶋先生が聞くと、「うん、あした、パート4からやでー」とりゅうじ君。こうして、りゅうじ君がしっかりとごっこあそびのなかで主人公になって大活躍したことに、中嶋先生はりゅうじ君の成長した姿を確かめるのでした。

それから二週間ほどして、今度は中公園で学校ごっこをやり、りゅうじ君はやはり紙芝居のおじさんになりました。そのとき、途中でさくらちゃんはその学校ごっこやめてしまうのですが、しばらくしてりゅうじ君はさくらちゃんがいないことに気づきます。「あれ、さくらちゃんは?」とりゅうじ君。「やめるって」（白木先生）。このとき「えーっ」とりゅうじ君はすごく不満そうな表情をするのでした。白木先生はこのりゅうじ君の思いにも、なかま意識の大きなふくらみを感じるのでした。

（8）片付けを意識するようになって

九月の中ごろ。おやつの後「あれー、誰も台所やってない」と気づいたのはりゅうじ君。「えらいな、りゅうじ君。赤りんご青りんご班の人に台所の片付け始めやーって、言ったりやー」と私が言うと、その横で〈先生、何をとぼけたこと言うてんの〉という表情でたっちゃん⑤が「先生、りゅうじも赤りんご青りんごやで」と言うのです。私はたっちゃんにそう言われてはじめてそのことに気がついたのですが、それでも、台所当番が始まってないことに気づき、りゅうじ君がそうつぶやいたことをとてもうれしく思いました。三年生の二学期にもなると、こうしてりゅうじ君は、声をかけられなくても、自分から台所や机の片付けができるようになってきていました。

そして、一一月の中ごろの指導員の打ち合わせでは、白木先生から次のようなうれしい報告がありました。きのうの終わりの会が終わったすぐ後、延長保育で残るりさちゃん②は、りゅうじ君のロッカーのすぐ前の机で宿題をしていました。そこへ、帰るのでランドセルを取るためにりゅうじ君がやってきたというのです。「りゅうじ君がそのとき、りさちゃんに『ちょっと、ごめんな』と声をかけたんです。うれしかったですねー」と白木先生。

以前に同じような場面で、ゆうき君に迷惑をかけたことを覚えていた私たちは、友だちに「ちょっと、ごめんな」と声をかけられるようになったりゅうじ君の成長がとてもうれしく思えたのです。

(9) イメージを共有しながらごっこあそびを楽しめるようになる

■お化け屋敷ごっこに次つぎとなかまが

九月中ごろ。すべり台の下で一人で砂をいじって遊んでいるりゅうじ君③に白木先生は、「りゅうじ君、おんぶしたろか」と言って、後ろ向きにしゃがみました。りゅうじ君は「幽霊タクシーやろう」と言って背中に乗ります。二人で幽霊タクシーごっこを始めていると、「何、やってるん?」とともこちゃん①が近づいてきました。「幽霊タクシーごっこやで」。とも子ちゃんもやれへん」と応えると、「やる、やる」とうれしそうに入ってきました。途中で白木先生が「静かにしないと、お化けが出てくるかもしれませんよ」と言うと、「もこたん、お化けするわ」と言って、ともこちゃんは隠れてしまいました。これには、「いやや、恐いー」とりゅうじ君は立ち止まってしまいました。「一番上が墓場の三丁目ですよー。大丈夫、先生もいっしょに行くから」と白木先生が言うと、りゅうじ君は恐る恐るアスレチックの上へ登っていきました。「うーらーめーしーやー」とともこちゃんがお化けになって出てきました。楽しそうに、「逃げよう！」とりゅうじ君。

そこへ「何してるん？　よせて」とさくらちゃん①がやってきました。「お化け屋敷やで、ここ。もこたん、お化けやねん」とともこちゃん。「じゃあ、さくらもお化けやる！」とさくらちゃんも隠れました。しばらく遊んでいると、「何やってるん？」と今度はたつや君①がやってきました。白木先生が「今からお化け屋敷に入るねん」と応えると、「オレも入る」とたつや君は先に進んで行きます。ともこちゃんやさくらちゃんが扮するお化けに脅かされながら、りゅうじ君と白木先生は「キャッ、キャッ」言いながら、アスレチックの上を歩いていました。

すると今度はゆりちゃん②が、「ゆりもよせて」とやってきました。ゆりちゃんもお化けになって隠れました。そしてまたしばらくすると、「りさもよせて」とやってきました。りさちゃん②はハムスターになることになりました。お化けたちに脅かされながら進んで行くと、りさちゃんとゆりちゃんとともこちゃんが立っていて前に進めなくなりました。すると、「ハムちゃんでーす」とりさちゃん。そこで白木先生がエサをあげると、りさちゃんはそれを食べます。いつのまにかそこにたつや君もきて、白木先生があげるエサを食べ始めています。

しばらくすると、ゆりちゃんがきて「この草は、ハムちゃんたちのエサの草です。エサをあげると、この鍵をあげます。この鍵が三個たまって、それでドアを開けたら出られます」と草を五、六本白木先生に渡しました。「りゅうじ君、聞いたー。鍵でドアを開けたら出られるねんてー」と言いながら、白木先生はりゅうじ君にも草を分けてあげました。「オレもやる」とやってきたたつや君にも草を分けてあげました。三人で進んで行くと、りさちゃんやゆりちゃん、ともこちゃんが出てきたので白木先生が草を食べさせました。たつや君とりゅうじ君も同じように草を食べさせ始めました。三人とも、もうハムスターになっていました。そして、次つぎにゆりちゃんが棒の鍵を渡してくれました。たつや君も受け取ると、白木先生は「たつや君、その鍵をこういう所（アスレチックの柱を止める金具）に入れたら、いろんな所が開くねんでー」と言いました。たつや君が鍵を差し込むそのたびに白木先生が「カチリ」と言うと、「（たつや君）三つ目の鍵貸して」とりゅうじ君。「たつや君、一つぐらいりゅうじ君に鍵貸したってー」と白木先生も頼みました。鍵をもらったりゅうじ君は、「ここか?」「ここか?」といろんなところに鍵を差し込んでいきます。その度に白木先生が「カチリ」と言うと、喜ぶりゅうじ君でした。

ゆりちゃんが「出口のドアの鍵は、ここにやってくださーい」と言うと、りゅうじ君が差し込んで、やっとドアが開きました。

すると、「次、もこたんがお客さん」と、ともとちゃんが白木先生の背中に乗ってきました。「そうやなー。さっき約束したもんな。りゅうじ君、次はともこちゃんやで」と白木先生。りゅうじ君は納得した表情で、アスレチックのタイヤブランコのほうへ行きました。

■りゅうじ君が、自分からどろぼう役に

白木先生とともこちゃんでアスレチックを進んで行くと、急にさくらちゃんが「白木先生、きてー！りゅうじ君がここの宝物を盗んでん」と言うのです。少し離れた所を行くりゅうじ君を見ると、りゅうじ君は何かを抱える真似をして逃げているではありませんか。「ともこちゃん、先生、りゅうじ君を捕まえてくる！」と白木先生が言うと、「もこたんも行く」とともこちゃん。さくらちゃん、ともこちゃん、たつや君と白木先生でどろぼう役のりゅうじ君を追いかけました。「とりかえしたぞー」とたつや君。「りゅうじ君、きなさい！　ろうやに入れます」とさくらちゃん。みんなでりゅうじ君を運んでタイヤブランコの上に座らせました。しばらくすると、今度はりゅうじ君が「怪盗たつやはどこだ？　探しに行こう」と言って、いきなり白木先生の背中に乗りました。たつや君はどこに行ってしまったのか。このとき、ほんとうに見当たらなかったのです。〈たつや君、ほんまにどこに行ったんやろ〉と少し心配しながら「怪盗たつやはもうここにはいないですね」と白木先生。「どこかにいるかも」とりゅうじ君。

■りゅうじ君がみんなをコンピューターの世界へ

りゅうじ君をおんぶしながら怪盗たつやを探していると、今度は「ここは、コンピューターで作られた世界です」とりゅうじ君。「えっ、じゃあ、この人たち（まわりで遊んでいる子たち）もコ

ンピューターで作られたんですか?」（白木先生）。「はい、ロボットです」（りゅうじ君）。「（ともこちゃん）あなたはロボットですか?」（白木先生）。「いいえ、違いますよ」（ともこちゃん）。ともこちゃんが向こうに行くと、ひそひそ声で「自分がロボットだということを知らないんです」とりゅうじ君。また、ともこちゃんがやってきて言います。「コ・ン・ニ・チ・ハ」。ともこちゃんはほんとうにロボットになってしまったようです。「こんにちは。握手しましょう」と、白木先生はロボットになってしまったともこちゃんと握手をしました。「イタタ、ロボットは力強すぎるんですね」と白木先生はとても痛がっていました。「りゅうじ君もやってみ」と白木先生に言われ、りゅうじ君もロボットと握手すると、「痛い、痛い」とほんとうに痛がっていました。どうやら今度は思いっきり握ったようでした。そんなこんなであそびは終わり。白木先生はともこちゃんをおんぶして、りゅうじ君と手をつないで部屋へ戻りました。学童保育が近づくと「怪盗たつやが学童という所にいるかもしれない」とりゅうじ君。「きっと、おるで」とともこちゃん。部屋に戻ったとたん「怪盗たつや、逮捕する!」とりゅうじ君はたつや君の所へ走って行きました。たつや君はキョトンとしていました。「先生、逮捕して」とりゅうじ君。白木先生はたつや君に手錠をかけました。りゅうじ君はたつや君のどんぐりの入った袋を持って「これは電池だ。ロボットに食べさせる」と言いました。たつや君は「何、言ってるん。これどんぐりやで」と一歩先に現実の世界に戻っているのでした。

この白木先生の日誌を見せてもらった時、りゅうじ君がなかまや白木先生が投げかけるイメージを共有すると共に、りゅうじ君も自分のイメージを投げかけ、それらのイメージをなかまたちと共に共有しながら、ごっこあそびを展開していることに、私は感動してしまいました。私たちは、そうしたりゅうじ君の姿を確かめるとき、「第二の自我」をしっかりと育み、彼がなかまとかかわることのおもしろさを体得し、しっかりとなかま意識を育てきていることに確信を持つのでした。

2 心のなかにもう一人のしっかり者の自分を育む
——えいちゃん・だいちゃん・たっちゃんの成長のあしあとから

(1) えいちゃん、だいちゃん、たっちゃんの横顔

えいちゃんは今年（二〇〇一年度）五年生で三人兄弟の末っ子。だいちゃんは六年生で二人兄妹の長男。たっちゃんも六年生で二人兄弟の長男です。三人ともあそびにはとても意欲的で、いろんなあそびのおもしろさを我がものにし、学童保育の生活とあそびの世界を自分たちの力で創り出していくリーダーに育ってきています。

えいちゃんは、ここぞというところで人一倍やさしい声をなかまにかけてあげることが度々ある、とても根のやさしい子です。でも、ちょっとしたことで腹を立て「しばくぞ」ということばをよく口にし、学年が上がるにつれてそのトーンがだんだん恐くなり、四年生になってからは、「ころす

ぞ」ということばを使ったり、誰にでもというのではないのですが、たたいたり、けったりするようにもなってきていました。

だいちゃんは、みんなのやりたいことを確かめながらあそびの世界を創り出していける、すばらしい力を育ててきています。彼の要求になるあそびの世界は人一倍広がってきています。でも、あそびのなかで、大きくリードされ始めたり、敗色濃厚の流れになると、味方の失敗に対し「何やってんねん」と強い調子で文句を言ってしまい、なかまを萎縮させてしまうことがありました。

たっちゃんは、あそびには意欲的で、ここぞというときに力を発揮できるたのもしいリーダーに育ってきています。また彼は、兄弟げんかで弟のひー君を泣かすことがあっても、学校や学童保育では、人に危害を与えるようなことはしない子です。でも、五年生の春、あそびのなかで思いっきりくやしい立場に立ち、涙を流して、家に帰ってしまうことがありました。

そんな三人が、学童保育のさまざまな生活体験のなかで、どのように成長してきたかをまとめてみます。

(2) あいさつのように「しばくぞ」「ころすぞ」を口にするようになったえいちゃん

りょうた君④とゆうき君①が、部屋のなかでこまを回して遊んでいたときのことです。突然、えいちゃん③が「何すんねん」とりょうた君になぐりかかり、かかと落としまでしました。これには、そばにいた谷川先生も止めに入りました。私も行き、二人に話を聞きました。「えいちゃん、どうしたんや。なんでそんなことするんや」と切り出すと、「あいつがこれ（紙を丸めて作った棒）、曲げたからや」とえいちゃん。「りょうた君は、なんで、紙曲げてしもてん」（私）「えいちゃんが、その紙の棒で、こま止めようとしてきてん」とりょうた君。「こまに当たったんか－」（私）「うん」（りょうた君）「りょうた君は、『やめて』って、言うたんか－」（私）「言うたけど、えいちゃんがやってくるねん」（りょうた君）「りょうた君が、はらいのけたから、棒が曲がったんか－、えいちゃん」（私）「そうや」（えいちゃん）「だから、腹立ってんなー」（私）「そうや」（えいちゃん）「そやけど、えいちゃんは、なんでそんなことしてん」（私）「……」えいちゃんは、黙っています。

「おもしろいから、やってしもたんか」（私）「そうや」（えいちゃん）「えいちゃんは、おもしろかったんやろうけど、りょうた君らは、いややったみたいやでー。えいちゃんもおもしろがって、相手もおもしろかったらいいけど、りょうた君らはいやがってんねんから、そんなんえいちゃんのほうが悪いんちゃうん」（私）「……」（えいちゃん）「そやのに、えいちゃんがなぐりにかかるってどういうことやー。えいちゃん、どうする?」と私が言うと、〈うっといなー〉という表情で、「ごめん」となんとかあやまりました。

「りょうた君は、棒、折ったことはどうする」（私）「ごめん」（りょうた君）「でも、今のごめんは、どっちのごめんが重たいんやろな、えいちゃん」と私が言うと、「オレじゃ」とえいちゃん。「先生も、えいちゃんのごめんのほうがだいぶ重たいと思うで」と話を締めくくりました。

とまあこんな具合に、自分が気にいらないことがあると、えいちゃんはカッとなって友だちをなぐりにいくようなことがよくありました。

仕事にも追われ、たいへんな思いで子育てをされているえいちゃんのお母さんとは、私も中嶋先生もいく度となく話し合いました。えいちゃんが朝起きるころには、お母さんは仕事で出かけ、夜もお母さんの帰りが度々遅くなる生活に触れるたびに、えいちゃんたち三人兄弟のさみしさが伝わってきました。兄弟げんかのようすも年齢が上がるにつれてハードになってきているようでした。

えいちゃんは、学童保育は大好きで毎日やってきました。でも、えいちゃんの目に見える姿は、学年が上がるごとに荒れてくるのでした。四年生になり、えいちゃんはちょっと気にいらないことがあると、「しばくぞ」「ころすぞ」ということを口にするようになってきました。

指導員の打ち合わせ会では、とくにえいちゃんに対しては、頭ごなしに怒るようなことをせず、まず、しっかりと受けとめてあげようと確認し合いました。あいさつ代わりに「しばくぞ」「ころすぞ」を度々口にするえいちゃんに対し、私はえいちゃんに抱きつき、「えいちゃんの心のなかには、やさしいえいちゃんもおること知ってんねんぞう」と言ったりしながら、しばらくこそばす（くすぐる）と、「しりげ（私のこと）、やめろう」とか言いながらも、えいちゃんは喜んでいるのでした。そして、えいちゃんが大好きな谷川先生には、毎日のようにえいちゃんのほうから、抱きついたり、膝に乗ったり、おんぶしてもらったりしていました。また、何があったわけではないのに、急に「谷川、オレのことぎらいやねんやろう」と言いながら、「大好きやで」と応える谷川先生をたたき続けることもありました。えいちゃんがこんな姿を見せる時は、必ずと言っていいほど、お母さんの帰りの遅い日が続いていたり、お兄ちゃんと大げんかしたりしているのでした。

(3) なかまの輝きに共感し合い、子どもたち同士で響き合うなかで

■子どもの輝く姿を指導員が受けとめ、共感をよせる

一〇月一七日(日)にあった旭学童保育運動会で大きく盛り上がったその次の日、えいちゃん③たちは、クラスの友だち六人も含めて二〇名でドッチボールをしていました。だから、子どもたちはいつもより一周り大きなコートを描いていました。二年生のこうた君がボールをとった時のことです。パスが届くかどうか微妙でした。するとえいちゃん③が、「こうたいけ、こうた投げろ」と言ったのです。残念ながらこのとき、こうた君のパスは届きませんでした。しばらくしてまた、こうた君がボールをとりました。すると今度は、だいちゃんがそばにいて「へーイ、こうた」と言って、こうた君からボールをもらい、さっと投げてしまったのでした。それからまたしばらくして、今度は一年生のひー君がボールをとりました。するとそばにいたえいちゃんは、「いけいけ、おもいっきりいけ」と言ったのです。

この日の終わりの会では、最後に私が「今日は、ドッチボールたくさんいてたから、大きなコート描いてたなあ。それで、二年生のこうた君がボールとったときになー、えいちゃんが『こうたい

け、こうた投げろ』て言うてん。こうた君、そのときパス届けへんかってんけど、こうた君はあんなふうに言ってもらってうれしかったやろな。だいちゃんは、こうた君がボールとったときには、『へーイ、こうた』言うてボールもらって自分が投げたな」。みんなから笑い声、だいちゃんは苦笑い。「いやいや、別にあかん言うてんのとちがうでえ。それからなあ、今度は一年生のひー君がボールとったときは、またえいちゃんが『いけいけ、おもっきりいけ』って言ってん。えいちゃんええこと言うなあ」と話しました。

でも私は、その夜に日誌を書きながら反省しました。〈最近の自分は、子どもの輝く場面に出会った時、その場面場面で共感を寄せることを忘れているぞ〉と。もしあの場面で、私が「えいちゃん、こうたいけ、こうた投げろやて、ええこと言うなあ」とつぶやいていたら、そのえいちゃんの輝きが子どもたちの心のなかにもっと響いただろう。そして、終わりの会でも子どもたちからえいちゃんのことが出されていたかもしれないと振り返りました。えいちゃんはこのころ、話し合いのときにものすごく騒ぎ続けたり、ちょっとしたことで腹を立て、よく「しばくぞ」ということばを口にし、みんなに少し恐がられ始めていました。そんなえいちゃんの輝く姿に出会えただけに、今までは「恐いなあ」と思っていたえいちゃんにも、こんなやさしいところがあってんなーということを、もっと深く子どもらの心に落としていくチャンスだったのにと反省しました。もちろん、指導員がつぶやかなくても、なかまの輝く姿を受けとめ合い、共感を寄せ合える子ども集団に育てていくことを展望しながら。

■なかまの輝きをめぐっての子どもたち同士の受容、共感を呼び起こすたいせつな指導

翌日、指導員の打ち合わせでそのことを話しました。

人数は九名でしたが、彼らはこの日もドッチボールをしていました。そして、えいちゃんの相手チームの一年生のゆうき君が、その日初めてパスが届いたときのことです。えいちゃんが「ゆうき、うまいぞ」と言ったのです。私はためらわずに「えいちゃん、ええこと言うなあ『ゆうき、うまいぞー』やて、それも、相手チームの一年生にそんな声をかけてあげられるなんてすごいなあ」と子どもたちに聞こえる声でつぶやきました。

その日の終わりの会では、私が「今日、ドッチで輝いていた子いてなかったかあ」と聞くと、「はーい」「はーい」とてっちゃんとたっちゃんが手を上げました。司会者がてっちゃんをあてると「ゆうきがパス成功した時、えいちゃんが、相手チームやのに、ゆうきうまいぞと言ってあげてた」。

次の日の指導員の打ち合わせでは、前の日に総括して課題意識を持ったことが、次の日にこんなにも絵に描いたようにすぐに実践できるなんて、と指導員同士で感動し合いました。でもこれは偶然ではなく、これまで一年間このことにこだわり、子どもの姿をしっかりとらえる努力をしながら指導を積み重ねてきたことのうえにあるのでしょうね、と確認し合いました。

この日は九人の子どもたちでドッチボールをしていました。いちい君（クラスの友だち）が投げたボールを二年生のたか君が受けようとしてボールが指先に当たり、たか君が泣きそうになったと

きです。相手チームだったえいちゃん③が「たか、ゆび大丈夫かあ」と声をかけたのです。また、一年生のゆうき君が、だいちゃんの速い球に当てられ、泣きそうになったときです。またもえいちゃんが「ゆうき、大丈夫かあ」と声をかけたのです。でも、このようにけがをしたときや誰かが泣いたことをめぐっての輝きの姿は子どもの心に残りやすいので、このときはつぶやかずにいました。

この日の終わりの会では、指導員が問いかけなくても、しげたか君②とてっちゃん④が「れいちゃん⑤がどっかんやろうと言って、みんなを集めてあそびを始めてた」「敵のチームやのに、たかが突き指したとき、泣くなよ、大丈夫かって、えいちゃんが言ってあげてた」と発言していました。

また次の日も彼らは、一三人でドッチボールをしていました。久しぶりにドッチボールに参加したしげたか君に初めてボールが回ってきたときのことです。この日はだいちゃんが、「しげ、思いっきりやぞ」と声をかけたのです。そのとき、しげたか君の投げたパスは届きませんでした。するとだいちゃんは「そー、そー（それでいいんやというトーンで）」としげたか君に声をかけたのです。こんなとき、これまでなら「何やってねん」と言ってしまうことが多かっただいちゃん。このだいちゃんの「そうそう」のやさしいかけごえは、えいちゃんの輝きに共感し合いなかま同士で響き合うなかで奏でた一言のように思え、私にはとても感動的な瞬間でした。

■「そのありがとうって、ええなあ」とえいちゃん

そしてその翌々日の夕方四時過ぎ、えいちゃんとりょうた君④、ゆうき①、谷川先生の四人で、

四人天地というあそびをしていました。四人天地というのは、田んぼの田という字を約四メートル四方の大きさに書き、ドッチボールを使って、手でボールを打ち合う、テニスのようなあそびです。遊んでいるうちにボールが転がっていき、そのボールをりょうた君が拾いにいったときのことです。そっちのほうで遊んでいたみなみちゃん①がボールを拾ってりょうた君に投げてきてくれました。りょうた君は、ためらわず、「ありがとう」と言いました。

するど、えいちゃんが、「今のありがとうって、ええなあ」って言ったのです。谷川先生は、そのえいちゃんのことばに思いっきり感動して、「えいちゃん、ものすごいええこと言うなあ、今のは、すごい輝いていたなあ」と語りかけました。

終わりの会では、最後に谷川先生が、「今日、四人天地で輝いてた子いてたなあ」と話し出すと、「りょうた君が、ありがとうって言ってた」とゆうき君。すると「ボール転がっていってみなみがとってくれたから、ぼくが『ありがとう』って言ったら、『そのありがとうって、ええなあ』ってえいちゃんが言ってた」とりょうた君。「よう覚えてたなあ、先生もえいちゃんの『そのありがとうって、ええなあ』ということばには、感動したわあ」と谷川先生が言うと、えいちゃんは、照れくさそうに、笑みをこぼすのでした。

このころえいちゃんは、とくに低学年の子たちから少し怖がられ始めていただけに、この一週間のなかでみせた友だちを思いやるやさしい姿には、子どもたちにとっては、きっと目を見張るものがあったに違いありません。

（4）だいちゃんの心のなかに芽吹き始めたもう一人のしっかり者の自分

年が明けて一月。八人の子がSけんをしていました。Sけんというのは、格闘する合戦型の集団あそびです。だいちゃんが陣地から出て、ケンケンをしながら勢いよく相手チームの一年生のゆうき君とぶつかりあったときのことです。だいちゃんのあごとゆうき君の眉毛の所が強くぶつかったのです。二人とも座り込んで痛がっていました。

少ししてだいちゃんは立ち上がり、ゆうき君のほうを向いて「ゆうき、大丈夫かあ」と言ったのです。私はためらわずに「自分もあごが痛いのに『ゆうき、大丈夫かー』やて、だいちゃん、ええとこあるなあ。なかなかやさしいなあ」とつぶやきました。それからしばらくして、しおさき君④（クラスの友だち）が、相手チームの陣地のなかで相撲をとって、みごとに宝を踏んだときのこと。しおさき君は勢いあまって倒れ込み、たか君②の顔を蹴ってしまったのです。たか君は泣いてしまいました。するとみんなでたか君を囲んで「たか、大丈夫かー」と声をかけているではありませんか。

数日後、私はこの日の日誌を読み返し、だいちゃんの成長を確信しました。それからいく日かたってから、私はだいちゃんに聞いてみました。

「ゆうき君とぶつかった時、だいちゃんも痛かったんやろ」「あたりまえやん、むっちゃ痛かったでぇ」「むっちゃ痛かって、一瞬、腹が立ったんとちがうんかー」「腹立ったよー、そら」「そやのに、なんで怒らんと『ゆうき、大丈夫かー』って、言ってあげたん」「最初、誰かもわからんかってん。でも、おたがいさんやもん」。

Sけんをしていて、相手チームの誰かとぶつかり合い、自分はあごをおもいっきり打った。〈イターー。だれやねん、腹立つなー。ゆうきかー。ゆうきは目をおさえて泣きそうになっている……。僕も痛いけど、ゆうきも痛かってんやろなあ。今のはおたがいさんやなあ。ゆうき、大丈夫かなあ〉だいちゃんはきっとそんな思いをくぐり「ゆうき、大丈夫かあ」と言ったに違いありません。

私には、だいちゃんの心のなかで今、九歳・一〇歳の節目を乗り越えるうえでのたいせつな課題である、自分と自分のまわりで起こった出来事を客観視できる目が育ち始め、相手の立場に立って考えることのできるもう一人のしっかり者の自分が、育ち始めているように思えました。

■「だいちゃん、そんなことやめとけやー」と声をかけられる子どもたちに

三月になってだいぶ暖かくなると、だいちゃん④・たっちゃん④・えいちゃん③たちは、また野球をやり始めました。成長してきたと思っていただいちゃんが、大きくリードされてくると、また「何やってんねん」ときつい言い方をしたり、みんながおもしろくなくなるような行動をとり始めるのです。ただ、三年生のころのだいちゃんに比べたら、注意されたら反省できるようになってきているところは、大きく違ってきていました。

ドッジボールやサッカー、どっかん、サザエさん、Sけん、かけっこなどチームを組んで競い合うようなあそびをこの半年やってきて、だいちゃんは成長してきたなあと喜んできたのに、野球になるとなぜまたそんな姿をみせるのか（三年生のときにもあったので）考え込みました。私はこれまでそのことを、三年生から彼が入った少年野球チームの練習のあり方とつなげてとらえていたのですが、どうもそれだけではなさそうです。

これまで半年間やってきたいろんなあそびと野球との大きな違いに気づいたのです。ほかのあそびは、あそびの展開が連続しているのに対して、野球だけは一球一球投げるごとに静止があり、一人のバッターが打ち終わるごとにまた大きな静止があり、チェンジになるとさらに大きな静止があるのです。たとえば、サッカーなどは、まわりで見ている人でも、誰がきちんと役割を果たしていて、誰がきちんと役割を果たしていないのかなどは、しっかり試合を見ていないとわかりません。プレーしている子どもには、もっとわかりにくいものです。でも野球は、打つのも守るのも、一球一球、一場面一場面、一人ひとりがどう活躍しているのか、手痛いボンミスをしているのか、ルールを知っているものなら一目瞭然です。サッカーでは、たまになかまのボンミスに気づいて「何やってんねん」という一言を言ってたとしても、また、息つくひまもなく試合が展開されていきます。野球は、それこそ一球ごとに静止があるので、しっかりなかまの活躍をたたえたり、失敗を励ます余裕もたっぷりとあるが、同時にボンミスに対して「何やってんねん」と激しく罵倒する〝間〟もあるわけです。

なかまの活躍をたたえるのか静観するのか、ボンミスを見て励ますのか静観するのか、罵倒するのか。一球一球、一場面一場面、子どもたちの心の動きが浮き出やすいあそびだということがわかってきました。まだまだ発展途上にある子どもの弱さが出やすいあそびではないかと思うのです。だから、逆に言うと、だいちゃんと子どもたちがここでさらに成長していくチャンスであることも見えてくるのでした。

■だいちゃん、六対〇とリードされるとやる気をなくす

春休みのこと、だいちゃん⑤たちは中公園で六人で庭球野球をしていました。始まってしばらくして、だいちゃんのチームがどんどんヒットを打たれ、六対〇と大きくリードされたときです。ピッチャーをしていただいちゃんは、突然、座りながらボールを投げ始めました。そうかと思うと、立ち上がりキャッチャーに向かって思いっきりボールを投げつけるのです。もちろんストライクが入るわけがありません。たっちゃん⑤は「そんなんで、きれんなよー」と小さな声でつぶやくのでした。私も「だいちゃんがそんなことしてたら、みんなおもしろくなくなるでー。だいちゃん、あきらめんとがんばれよー」と声をかけたのですが、「だって、ひきあえへんもん」とだいちゃん。そんな流れのままおやつの時間になり、私は「終わりー、みんな、学童に戻るでー、おやつやでー」と声をかけました。　そして、庭球野球をしていた六人をホームベースの所に集めました。

私が「おもしろかったかー」と一人ひとりに聞いていくと、みんな「おもしろなかった」と答え

ます。「だいちゃんは、何でやる気なくしたんや」と聞くと、「だって、ひきあえへんもん。ぼくのチーム二年ばっかりやったもん」「だいちゃんが、ひー君②とってんやん」とたっちゃん。だいちゃんはたっちゃんの弟のひー君をすごくかわいがっていたため、取り合いのときに誰よりも先に、二年生のひー君を取ったのでした。

「たっちゃんの言うとおりと違うか。それにどっちかが強くて、どっちかが弱くなることはいつの場合でもあることやぞ、だいちゃん。今日みたいに人数が少なかったらよけいやで。あのとき、だいちゃんが本気になってがんばってたら、もう少しええ試合ができてたと思うし、みんなもっとおもしろかったと思うで。勝った相手もおもしろなかったって言うてるでー。こんなときにやる気なくさんといられるかが、だいちゃんのがんばりどころやと思うでー」

「最近、野球がまたはやり始めたけど、野球をする子が少ないなー、なんでなんやろうな。楽しかったら、もっともっと野球する子が増えると思うけどなー」「それからなー、だいちゃんが勝手なことし始めて、それがいややったら、『だいちゃん、そんなことやめてー、おもしろくなくなるやん』って、みんなが言うことも大事やで。楽しいあそびはみんなの力でつくるんやで」という私の話を、いつになく子どもたちはしっかりと聞いていました。とくにあとの二つのことについては、こんなことがあるとその度にその場で、また試合の後で、子どもたちの思いも聞き出しながら個人的に繰り返し働きかけていきました。それは、だいちゃんの心のなかに、相手の立場に立って考えることのできるもう一人の自分を、もっともっとしっかりと育てていくために、指導員からだけでなく、むしろ子どもたちの切実な声として「そんなことやめてーやー」というなかまの思いをだいちゃんの心のなかに届けていきたいと考えての働きかけでした。

リーダーのリードしようとする中身のありようが、自分勝手なものなのか、それとも、自分のこともみんなのこともたいせつにしあうものなのか、このことが子ども集団みんなに見えてくるように働きかけていくことがたいせつです。リーダーからの働きかけが、みんなをたいせつにしあえるものなら、受け入れ共にすすめていける、逆に自分勝手なものなら、拒否し批判の声を上げていけるような子ども同士の関係を育てていくことをたいせつにしてきたのでした。

■たっちゃんとえいちゃんたち、だいちゃんを批判し始める

五月二日（火）。だいちゃんたちは一〇名ほどで庭球野球をしていました。だいちゃんのチームはリードされていました。ピッチャーはだいちゃん。相手チームの子が内野ゴロを打ったときです。ファーストを守っていたてっちゃんが、ショートから一塁に投げられたボールを落としたためにさらにリードが大きくひろがったのです。

そのときだいちゃんは、すかさず「てっちゃんが、エラーせえへんかったらチェンジになってたのに」と、てっちゃんに向かって大きな声で言いました。すると「だいちゃん、そんな言うたら、また野球やるやつ減るやんけ」とたっちゃんが言ったのです。さらにえいちゃん④もきっぱりと「ほんまじゃー」と相槌を打ったのです。これにはだいちゃんもすぐに反省し、その後はまたみん

なで楽しそうに野球を続けました。

そのときのようすを、次の日の指導員の打ち合わせ会で谷川先生から聞いたのですが、私が見ている時でなく、若いやさしい谷川先生が見ている時の出来事だけに〈成長してきたなー〉という思いもひとしおでした。

五月一〇日（水）の終わりの会のこと。みんながいつもように「ビーズしておもしろかった」「ブランコ鬼しておもしろかった」などとたくさん意見を出しているなかで、こうた君③は「野球したけど、だいちゃんが一生懸命してないから、おもしろくなかった」と発言したのです。この日もやはりヒットをどんどん打たれ、だいちゃんのチームが大きくリードされたときでした。ピッチャーをしていただいちゃんは、バッターボックスに立つたっちゃんに、何度も故意にデッドボールになるような球を投げたのです。「だいちゃん、やめろやー」とたっちゃん。そして、次のバッターのこうた君にも。こうた君も「だいちゃん、やめてーやー」と言っていました。そのあとはあまり時間がなかったので、この日はそんな流れであそびが終わったのでした。

翌日、だいちゃんのチームが攻撃のときです。ヒットを打って一塁にいたけんや君④がリードをしていて、ピッチャーのけん制球でアウトになってしまいました。ここでまたも「オイ、けんやー、なにやってんねん」とだいちゃん。でも、こんな一言は誰しも言ってしまいそうです。ところが、子どもたちは見逃しません。力強く「また、そんなこと言うなよ」とえいちゃんが言い出すと、「なんでそんなん言うねん」とたっちゃん。「おい、けんや、かまへんから、泣くなよ」とえいちゃん。

だいちゃんはこの後、「ごめん」と一言あやまると、またみんなで楽しく野球を続けました。

■大きく負けていても、みんなとがんばれるようになってきただいちゃん

六月、七月もずっと庭球野球はやり続けました。このころにはだいちゃんは、大きくリードされることがあっても、もう、まわりの子がおもしろくなくなるような自分勝手なことはしなくなりました。この年齢の子どもらにとって、なかまから認められることは大きな自信になり、励みになります。ですから先にも記したように、なかま同士のなかでお互いの良さを認め合えることもたいせつにしてきています。同時にこの年齢の子どもらにとって、なかまからの批判はとてもこたえるのです。たっちゃんやえいちゃんたちのだいちゃんへの批判の声は、だいちゃんが大事な場面でのなかまの失敗に腹を立ててしまい、がまんできずに「何やってんねん」とついつい荒々しく言ってしまう自分を見つめる、大きな力になったに違いありません。そしてだいちゃんの心のなかの、相手の立場に立って考えることのできるもう一人の自分が、また一回り大きく育ってきていると確信するのでした。

■「えいちゃん、いいかげんにやめろやー」とたっちゃん

六月三日（金）。この日私は、終わりの会の前に帰っていました。この日の終わりの会は、始まっ

たとき、全体としてざわついており、えいちゃん④は立ち上ってうろうろし始めていました。そんなえいちゃんに「えいちゃん、座れよー」と声をかけたのは、たっちゃん⑤でした。それでもえいちゃんが座ろうとしなかったので、たっちゃんは立ち上がってえいちゃんの肩を持って「えいちゃん、座れよ」と、もう一度声をかけました。えいちゃんは「やめろやー」と言ったものの、一目置いている五年生のたっちゃんのこの働きかけのすぐ後、自分の班の所に座りました。このたっちゃんのえいちゃんへの働きかけが、みんなの心にも届いたのでしょう。この後は、司会をしていただいちゃん⑤を中心にスムーズに終わりの会が進んでいきました。

この日は延長保育で、終わりの会の後も一〇名の子が白木先生といっしょに残っていました。えいちゃんも少し残っていて、けんや君④とふざけ合っていました。それが少しエスカレートして、えいちゃんがけんや君の上に乗って軽くたたき始めたのです。白木先生が「えいちゃん、もうやめとき」と止めに入ろうとすると、ほかの子たちがふざける感じで思わぬ展開になってしまいました。近くにいたてっちゃん⑤が白木先生をこそばしにきて、だいちゃんが白木先生の手をつかまえて、しげたか君③が白木先生の体を持って、白木先生は動けなくなったのです。そして、たつや君①は「もっと、やれー」とはやしたて、ゆうき君②は庭球をえいちゃんに渡しました。えいちゃんはけんや君の上に乗ったままです。白木先生が〈いったいどうなるのだろう〉と思ったそのときです。

ひとり宿題を始めていたたっちゃんが立ち上がり、「えいちゃん、いいかげんにやめろや」と言って、えいちゃんをけんや君から引き離したのです。えいちゃんは「やめろやー」と言いながらたっちゃんを何度かたたきましたが、たっちゃんはたたき返したりはしません。

さすがのえいちゃんも、たっちゃんのこの働きかけには納得したようで、しばらくするといつものえいちゃんに戻って帰って行きました。

私はこの話を翌日白木先生から聞くのですが、だいちゃんをめぐって働きかけてきたことが、えいちゃんをめぐる出来事でもしっかりと生きてきていること、たっちゃんがたのもしいリーダーに育ってきていることに、また、大きく感動するのでした。

でも、このことをさっそくクラブだよりに書き、翌日、その『子どもの砦』を出そうと思っていた日にこんな出来事も起こるのでした。

■帽子を投げ捨てて、泣きながら家に帰ってしまったたっちゃん

六月八日（木）。たっちゃんたちは、中公園で庭球野球をしていました。遊ぶ時間も後一〇分ほどになった時でした。なぜかたっちゃんが公園から出て、学童保育のほうへ向かって行き、そのようすも普通ではありません。トラブルを起こしたりすることのほとんどないたっちゃんが、いったいどうしたんやろうと、私は急いで駈け寄って行きました。たっちゃんは泣いていました。

「たっちゃん、どうしたん？」と声をかけると、しばらく黙っていたたっちゃんでしたが、涙を流しながら話し始めました。「大事なところでな、オレがバッターやってん。ツーストライクで、次の球がきて、このへんやって。オレは低いからボールやと思ってん。でもな、（相手チームの）

えいちゃんが『今のは、入ったでー』って言うたら、オレのチームのりょうた（球審）も『ストライク』って言いよんねん」。私は野球をしている子たちの所に行き、そのことを確かめました。たっちゃんの話したとおりで、球審をしていた同じチームのりょうた君が「ストライク」と言うと、「たっちゃん、帽子、地面にたたきつけて、帰って行ってん」と子どもたち。私はたっちゃんを再び追いかけていくと、もうランドセルを背負って学童保育の玄関を出ていました。たっちゃんにみんなのところに戻るように言ったのですが、たっちゃんの心はもう家路に向いていました。私は「たっちゃん、今日のことは、自分なりにしっかり振り返っときや」と話し、そのまま帰しました。

数日後の指導員の打ち合わせ会では、この日のことを振り返り、私は「たっちゃんは、自分が大事な場面でボールと思って見逃した球を、えいちゃんに『今のは、入ったでー』と言われたのはしかたないものの、味方の球審のりょうた君までが、いともかんたんに『ストライク』って言ったのには、りょうた君がえいちゃんの勢いに押されてそう言ったと思って、くやしくて帽子を地面に投げつけたんやろねー。でも、僕が呼び止めてもたっちゃんが家に帰ってしまったんは、きっと、大事な場面で見逃しの三振になって、理由はどうあれ、帽子を地面に投げつけて帰り始めた自分がなさけない、はずかしいという思いもあったんちゃうかなーと思うんですけどねー」と話しました。

その日の夕方、学童保育が終わった後で、私はたっちゃんにあの日の思いをそのように確かめてみると、「うん」とうなずきました。私は「たっちゃん、負けたらあかんで。くやしい自分に負けたらあかんでー」と励ましました。

この出来事に出会うなかで、すごくくやしいことや困難なことに出会い、くじけそうな時に「くじけるな」と自分を前に押し出せるもう一人の自分を心のなかに育てていくという、たっちゃんの課題がしっかりと見えてくるのでした。

(5)「えいちゃん、蹴るなよ」とだいちゃん

七月三一日(月)。日ごろは休む日が多いとおる君④が、夏休みになり毎日学童保育にくるようになっていました。一時間の勉強が終わったお昼前のこと、えいちゃんがふざけてとおる君に向かって投げたボールペンが、とおる君に当たったようでした。とおる君もおもしろ半分に、でも(何すんねん)という感じで投げ返しました。するとえいちゃんは、また投げ返します。意地になってとおる君も投げ返しました。とおる君もやり返そうとしてつかみ合いになりかけたときに私は気づき、止めに入ったようです。こうなると、もうえいちゃんはおさまりません。とおる君を蹴りにかかったのですが、とおる君は顔を少しはらしてしまいました。

その日、ゆうや君③は休んでいました。お母さんから連絡があり、ゆうや君が「えいちゃんが怖いから学童保育をやめたい」と言っているとのことでした。お母さんがそのゆうや君の思いを知るのは、数日前の出来事がきっかけでした。夏休みに入ってすぐの夕方、学童保育からの帰り道にえいちゃんに誘われて、中公園でカード探しあそびをやったとのこと。いっしょに遊んでいたしげた

か君は、偶然お母さんがお迎えにきたので帰ったのですが、ゆうや君はまだいっしょに遊んでいました。でも遅くなるので、ゆうや君は「えいちゃん、帰っていい？」と聞きました。でも、えいちゃんは「まだ、あかん」と帰してくれなかったそうです。いつになく帰るのが遅くなったゆうや君は、お母さんにそのことを話し、さらに日ごろの思いも話して「もう学童、やめたい」と言ったそうです。私は、その日の夜七時ごろえいちゃんの家を訪問しました。まだ、お母さんは帰られていませんでした。お母さんは遅くなる日もあるということなので、私はえいちゃんと、とおる君・ゆうや君の家にあやまりに行くことにしました。とおる君とゆうや君になんとしてもあしたから元気に学童保育に来てほしかったからです。お母さんには、後でお詫びの電話を入れてもらうことにしました。あやまりに行くとき、えいちゃんと話しました。えいちゃんは家での話をいろいろとしてくれました。ときどきお母さんの帰りの遅い日があること、四年生になって、朝自分が起きるころにはもうお母さんが仕事で出かけるようになったこと、二人のお兄ちゃんとのけんかのことなど。それらのことは知ってはいたものの、抱えきれないほどの寂しさが、えいちゃんを荒れさせてしまっていることが痛いほどわかりました。

次の日、とおる君もゆうや君も元気に学童保育にやってきました。えいちゃんがやってくる前に、私は五、六年生を集めて話し合いました。「最近、みんな困ってることないか、いやなことないか」と聞くと、「えいちゃんが、デコピンやってくる」「そうや、なんもしてないのにやりよんねんで」と子どもたち。そんな子どもたちに「よう言うてくれたな。えいちゃんはすごくやさしいとこもあるのを知ってるやろ。そやけど、すぐ『しばくぞ』『ころすぞ』って言うしなあ。みんなどうやろ、えいちゃんがデコピンしたり、なぐったり、蹴ったりしそうになったら、『やめたれや』って声をかけたれへんか」と提案しました。しばらく黙っている子どもたちに、「先生が言うたんでは、同じことの繰り返しやぞ。ここは、五、六年生の出番やぞ」と話すと、子どもたちはうなずいていました。

チャンスはすぐにきました。次の日のお昼ごろ、えいちゃんはつっ君④たちと十二支パズルをしていたようで、「関係ない」「関係ある」と言い合いを始めたかと思うと、突然、つっ君を蹴りにかかろうとしたとのこと。私は、だいちゃんが「えいちゃん、蹴るなよ」と叫び、止めに入ったときに、その出来事を知ります。二人の話を聞くとほんのささいなことで言い合いになり、もめ始めたようでした。

その日の終わりの会が始まる前、最近庭球で自信をつけてきているてっちゃん⑤が「今日は、たくさんホームラン打ってたなー。つよし（つっ君）のおしかったなー。あと一〇センチやったなー」と話すと、「つよしおしかったなー」と庭球野球のリーダー格のえいちゃん。つっ君は思わずニッコリ。そして、終わりの会でも、だいちゃんが「先頭打者ホームラン打てて、うれしかった」と発言すると、えいちゃんも「ホームラン二本打ててうれしかった」。つっ君も「ホームラン、ぎりぎりのところで打たれへんかってくやしかった」と発言していました。そして、司会者が「今日、輝いていた人はいませんでしたか」と聞くと、一年生のたつや君が「だいちゃん」と一言。私は〈もしかして〉の思いで「だいちゃんがどうしたんや」と聞くと、「だって、わかるもん」とたつや君。私はうれしくなってもう一度「だいちゃんがどうかしたんか」と聞くと、「えいちゃんに『蹴るなよ』って言った」とたつや君。

私は、このたつや君の発言を聞いて、だいちゃんの「えいちゃん、蹴るなよ」の叫びに、たくさんの子が共感を寄せていることを知るのでした。

(6) 夏休み、毎日のように行った日吉プール で

■「りゅうじ、一〇〇メートルやぞ」「えっ、りゅうじが一〇〇メートル行ったん⁈」

太子橋は守口市と隣接しています。だから、守口市の市営プールまで歩いて一五分足らずで行くことができます。そこは二五メートルプールが一つあるだけの小さなプールなのですが、大人も子どもも一回二〇円で入れるのです。守口市にはそんな市営プールが五カ所あります。守口市の人口と同じくらいの大阪市の旭区には、高殿に一つプールがあるだけで入場料もすごく高いのです。大阪市は府下の衛生都市と違って、並外れて地域の文化・スポーツの施設が貧困です。そこで、守口市に隣接しているという利点を生かして、太子橋学童では昔から夏休みには、毎日一時間、みんなで楽しくプールで過ごす活動をたいせつにしています。毎年二〇回くらいはプールに行きます。ふだんは午後から一時間プールに入るのですが、夏休みの初めには二回、午前中にそのプールを貸切

り、水泳教室も行ないます。水泳教室では、一・二年生にはドル平を、少し泳げるようになった子にはクロール、さらに平泳ぎなども教えます。グループごとに教えていくのですが、二時間ある貸切プールの時間のうち、それぞれのグループに教えるのは三〇分くらい、あとは自由に遊びます。貸切プールでは飛び込みもさせてもらえるので、子どもたちはこの水泳教室が大好きです。そして、毎日のプールでは自由に楽しく遊び、私がグループごとに五分ずつくらい順番に水泳の指導をしています。そんなことで太子橋学童保育の子はみんな水泳がとても上手です。夏休みの終わりには、みんなどれくらい泳げるようになったか、これまた午前中に二時間プールを貸切り、二回記録会をします。

八月二八日（土）。二回目の記録会で、てっちゃん⑤に見てもらいながら、りゅうじ君③（前項で登場した子です）が泳ぎ始めました。りゅうじ君は一回目の記録会で、れいちゃん⑥に前に立ってもらいながら、バタ足で四〇メートルを泳いでいました。だから今日、りゅうじ君が泳ぎ始めるとき、私は〈りゅうじ君が、五〇メートル行けるといいなあ！〉と、期待していました。そのりゅうじ君が、てっちゃんと谷川先生にも見守ってもらいながら、五〇メートルまできました。そこへ私もかけよって行き、「りゅうじ君、ターンし。ほんで、行ける所まで行き！」と声をかけました。りゅうじ君はそう言われるとすぐにターンし、また泳ぎ始め、七五メートルの所まで行きました。私は、またかけよって行き、同じように声をかけました。りゅうじ君はまたすぐにターンして泳ぎ続け、一〇〇メートルまできたのです。そのとき、てっちゃんが「りゅうじ、一〇〇メートルやぞ！」

と大きな声で言うと、「えっ、りゅうじが一〇〇メートル行ったん?!」さらに泳ぎ続けるりゅうじ君の姿をみんなが見つめ続けて、とても感動的な瞬間でした。

りゅうじ君がこの夏休みに泳ぎ始めたときは、バタ足で二メートルぐらいでした。夏休みの前半は、私といっしょに練習し、プールの横幅（一二メートル）の往復二四メートルを泳げるようになっていました。お盆前ごろからは、れいちゃん⑥が「私が、りゅうじを見たげる」と、毎日りゅうじ君に泳ぎを教えてくれるようになりました。そんななかでりゅうじ君は、バタ足で縦の二五メートルを泳げるようになり、二四日の記録会では、れいちゃんに前に立ってもらいながら、四〇メートルを泳ぎきりました。そして迎えたこの日、れいちゃんは休んでいたので、てっちゃんがりゅうじ君の前に立ってくれて泳ぎ始めたのでした。

まわりにいる子たちが、りゅうじ君がバタ足で一〇〇メートルを超えて泳ぎ続けていることに歓声をあげていると、五〇〇メートルをめざして平泳ぎで泳ぎ続けているけんや君④にもその声が聞こえたのでしょう。けんや君は泳ぎながら、顔を外に出したまま「えっ、りゅうじ、一〇〇メートル行ったん？　ほんまに一〇〇メートル行ったん?!」と確かめ、驚いているのです。するとまた、今度は同じく五〇〇メートルをめざして平泳ぎで泳いでいたたっちゃん⑤が、泳ぎながら「りゅうじ、がんばれ、りゅうじ、がんばれ」と応援するのです。その光景に、私はもう思いっきり感動してしまいました。

こうしてりゅうじ君は、なんと四〇分もかけて一七五メートルを泳ぎきったのです。

二年　田村　しずか

わたしは、きょう、きろくかいをしました。すごくさいしょは、きんちょうしました。つっ君④がまえにたっておうえんしてくれました。きょうは、つっ君がおうえんしてくれたから、クロールで一〇〇メートルまでいけました。すごくうれしかったです。しょうこちゃん②やひー君②は、一五〇メートルいけました。すごくすごいとおもいました。

りゅうじ君③がいちばんすごいとおもいました。まえのきろくかいでは、ちょっとしかおよげてなかったけど、きょうのきろくかいでは、一七五メートルおよげていたから、びっくりしました。すごかったです。

わたしも、はやく一五〇メートルいきたいです。

■とても苦手な水泳で、自分から「オレも記録、測る」とチャレンジしたえいちゃん

えいちゃんは、喘息での入院（一年）や骨折（二年）、また、元気な時も、豊中のおばあちゃんの家で過ごすということで、三年生までは夏休みの学童保育はほとんど休んでいました。四年生の夏に初めて、毎日のように学童保育から日吉プールに出かけたのでした。

この夏の当初、えいちゃんはほとんど泳げませんでした。いやなもんですよね。同学年はもちろんのこと自分より年下の子も、ほとんどが自分より泳ぐのがうまいなかで練習をするなんて……。

お盆前後になると、一年生たちもえいちゃんよりたくさんバタ足で泳げるようになっていました。えいちゃんはそれでも毎日、日吉プールに笑顔で通い続け、みんなとプールで楽しく遊び、泳ぐ練習も「やれへんわー」と言いながらも、私と毎日少しずつ練習していました。〈なんとたくましい子や〉私は、度々関心していました。

記録会の前には、バタ足で一二メートルまで記録を伸ばしていました。でも、一回目の記録会では、えいちゃんはみんなの前で記録を測りませんでした。

二回目の記録会でも、えいちゃんは、はじめは記録を測りたがりませんでした。でもしばらくして、自分から「先生、オレも測る」と言い出したのです。

それは、りゅうじ君③が四〇分かけて一七五メートルを泳ぎきった後のことでした。私たち指導員には、りゅうじ君のあのがんばった姿が、えいちゃんの心を動かしたように思えました。えいちゃんはこの日、バタ足一二メートルから一気に四〇メートルに記録を伸ばしたのでした。

四年　田村　えいざぶろう

今日、プール、行った。オレ、バタ足でおよいだ。しかも、四〇メートルおよいだ。二回目は、三〇メートルだった。一回目よりも、二回目は一〇メートルすくなかった。うれしかった。

(7)みんなで応援した高殿学童との庭球野球の試合

九月一日(金)は、庭球野球を楽しんでいる男の子たちが待ちに待った同じ旭区の高殿学童との試合の日でした。高殿学童から申し込みがあり、当初は六月にやる予定だった試合が雨で延期になり、この日を迎えたのでした。試合をする場所は、太子橋の中公園の広場です。これは「自由あそび」でやっている庭球野球ですから、この行事も「自由あそび」の流れで行なわれました。だいちゃんやたっちゃん、えいちゃんたちを中心に打順や守備も自分たちで決めていました。びっくりしたのは、だいちゃんが中心になって目標も決めていたことです。

「一、リードを大きくとる。二、協力する。三、声を出す。四、ふざけない。五、エラーしても励まし合う」。とくに「エラーをしても励まし合う」という目標をだいちゃんが自分で書いているのには、彼の成長をうかがわせ、とてもうれしく思いました。

今年の夏合宿で、班ごとにどんな夏合宿にするか目標を決めたのですが、そのことが心に残っていたのでしょう。指導員がまったくかかわらずに行なっていた庭球野球の試合に向けた話し合いで、そんな目標まで決めていたのです。遊んできた経験を生かし、子どもたちがやる気になれば、あそびのルールだけでなく、これから取り組もうとする行事の目標だって、自分たちで決められるんだと感心してしまいました。

そして試合当日、もっと感動する出来事が起こりました。私が仕事の都合で一二時過ぎに学童保育へ行くと、子どもたちはもう学校から帰ってきていました。部屋に入っていくと、しずかちゃん②と、もえちゃん③が、紙でせんすのようなものを作って、「フレー、フレー、太子橋！」と言っているのです。「えー、応援するん！」と声をかけると、「そうや、みんなで作ってんで」とれいちゃん⑥。たくさんの女の子たちが、応援のためのせんすや旗を作っているではありませんか。「なあなあ、誰が応援しようって、言い出したん」と聞くと、「れいちゃん」と女の子たち。

そして、両学童のそれぞれが、一塁側、三塁側に陣取って試合は始まりました。共に選手と応援団合わせて三〇名余り。それぞれ手作りの応援の道具を持ちながら、一丸となって応援し合う姿は、まるで甲子園の学童保育版でした。それぞれ「かっとばせー、今井」「ホームラン、ホームラン、たか」などと、一人ひとりにあたたかい応援を送っていました。

日ごろ、いろんなものを作っては、ごっこあそびに使って楽しそうに遊んでいる女の子たちが、この日は男の子たちの試合のために、せんすや旗を作って、力いっぱい楽しそうに応援しています。指導員の意図していた以上に、子どもたちの力で大きな盛り上がりを見せるのでした。

(8) 旭学童保育運動会での応援でも大いに盛り上がる

一〇月一五日（日）に行なわれる旭学童保育運動会を一週間後に控えた土曜日。お昼ごはんを食べ終わると、もえちゃん③とみなみちゃん②、しずかちゃん②、なつみちゃん②、ちかちゃん①たちが部屋のなかで並び、「フレー、フレー、赤組！」と学校の運動会の応援を思い出して応援ごっこを始めました。

それを見ていた私が、「なあなあ、その応援、フレー、フレー、太子橋とか、フレー、フレーみどり（太子橋学童保育のシンボルカラー）にでけへん？」と声をかけると、五人の女の子たちはさっそく「フレー、フレー、太子橋！」。

この女の子たちの応援の声を聞きながら、私が「れいちゃん、応援用にポンポン作れへん？」と声をかけると、「いいでー、やるやる」とやる気満々の返事が返ってきました。さっそくれいちゃんは、ポンポンを作り始めました。ポンポン用のビニールひもを巻きつけるのに適当な大きさの絵本を探して、「先生、一〇〇回巻きでいくで」とれいちゃん。この日は、れいちゃんと一～三年生の女の子たちでたくさんのポンポンを作りあげました。れいちゃんは、ハリセンの作り方も教えてあげていました。

そして、そのポンポンとハリセンを見て、「応援団、やろやろ」とのり始めたのは、いいほっちゃん⑤。いいほっちゃんが応援団長、れいちゃんが副団長になって、太子橋小学校の運動会で覚えた応援の仕方を、一～三年生の女の子たちに教え始めました。二人が中心になって、その後一週間、「自由あそび」の時間に運動会に向けた応援の練習がかつてなく盛り上がっていきました。本番では、れいちゃん、いいほっちゃん、たっちゃん⑤、こうた君③と、ほかの女の子全員が入れ替わり立ち替わり、そして、数名の男の子も入れ替わり参加し、たくさんの子がポンポン、ハリセン、旗、笛を持って応援していました。この運動会には、太子橋学童からは一〇一名の子ども・父母・指導員が参加し、一日楽しく交流することができました。

今回の運動会では、いろんな競技で、太子橋学童がすばらしい結果を出したのですが、このようにみんなが一丸となって応援できたことは、競技で一位や二位になったこと以上に値打ちがあったと、運動会後の終わりの会で子どもたちに話しました。

■「まっちゃんが、五・六年リレーに出たかったと思います」とえいちゃん

そんな盛り上がった雰囲気のなかで、えいちゃんはこの運動会でも持ち前のやさしさを発揮します。低学年中心の競技「けんかごま」では、本気になってえいちゃんも応援しています。四人一チームの学童対抗で、板の上でこまを回し続け、一分三〇秒後に何個こまが回っているかで競い合うのです。えいちゃんはけんかごまの競技が始まると、こまを回し続ける二年生の女の子のすぐそばへ行き、「なつみ②、ゆり②、あわてんでいいぞ、てっちゃん⑤がおるから」と声をかけていました。また、自分も出場する彼が一番楽しみにしている最後のリレーでは、第一レースの一年生リレーで、スタート位置に立ったたつや君①にかけより、肩に手をかけて「たつや、がんばれよ」と励ましていました。

リレー　　三年　南野　こうた

ぼくは、リレーでまけました。くやしかったです。

はじめるまえ、(よゆうで、一とうとれる)と思った。でも、けんや君④がたかどのにぬかれて、三とうでした。けんや君は、二とうでバトンをわたしてもらった。一とうをぬけるとおもったけど、しんもりもはやかったし、けんや君のうしろもはやかったから、けんや君はぬかされて、三とうになってくやしかったです。

けんや君がぬかされて、びっくりしました。

こうた君が書いてくれているように、えいちゃんも出場した三・四年生リレーの結果は、三位でした。三・四年生リレーへの予想、アンカーのけんや君を迎えての思い、そして三位という意外な結果への私の思いは、こうた君とまったく同じでした。きっとえいちゃんも同じだったでしょう。だって、けんや君は太子橋学童保育の五年生よりも速いのですから。高殿学童と新森清水学童のアンカーがけんや君より速かったのは、ほんとうに驚きでした。

五・六年生リレーは、とても走るのが速いえいちゃんの大好きなまっちゃん⑥が出場する予定でした。でもまっちゃんは運動会の前日に、学校のサッカーチームの対抗試合でこけてしまい、左手首を骨折して運動会には出れなかったのです。五・六年リレーは、まっちゃんが出場できず、惜しくも二位でした。

リレー　　四年　田村　えいざぶろう

ぼくは、がくどうのうんどうかいでいちばんたのしみだったのが、リレーとこま手のせでした。れんしゅうのときにリレーがいちばんよかったです。でも、まっちゃん⑥が土曜日の（FCのサッカーの）しあいのときにこっせつしました。まっちゃんが、五・六年のリレーにでたかったとおもいます。

えいちゃんがこの作文に、三・四年生リレーが三位になったことのくやしさや、まっちゃんが出れずに二位になった五・六年生リレーへの残念さでなく、前の日に骨折してしまい、リレーに出れなかったまっちゃんのくやしさを綴っていることに私は感動し、運動会のみんなの作文を載せたクラブだよりのしめくくりにこの作文を載せることにしました。

そして、その『子どもの砦』を子どもたちに渡すとき、「えいちゃん、えいちゃんのは、ええ作文やー。先生、感動したから、文集の一番最後に載せたでー」と伝えました。

(9) えいちゃんの寂しさを受けとめながら働きかけ続ける

こうしてえいちゃんは、いろんな機会になかまを思いやるような力を発揮して認められたり、あるいはなかまから批判もされたり、苦手な水泳でもすばらしい体験をするなかで、ずいぶんと成長してきたように思います。でもその一方で、彼が背負っている寂しさからでしょう。「しばくぞ」「ころすぞ」ということばは、消えていくどころか、そのトーンは彼が大きくなるにしたがって、激しくなっているのを感じざるをえませんでした。小柄なえいちゃんですが、その影響力では、リーダーとして大きく成長してきているだいちゃんやたっちゃんをしのぐものを私たちは感じ始めていました。

■ハサミを投げたえいちゃん

一一月二〇日（月）。おやつの後、みんなで部屋を片付けていると、えいちゃんは落ちていたハサミを拾い、軽くですが不意にそのハサミを投げたのです。もちろん、誰もいないほうへ。私は、えいちゃんがわけもなく、おもしろ半分にハサミを投げたことを確かめた後、いつになくきびしくしかりました。「えいちゃん、やっていいこととあかんことがある。ハサミを投げたりすることは、絶対にやったらあかんことや。人がそこにおれへんと思って投げても、ひょっとしたら急に誰かが走ってきたり、倒れ込んでくるかもしれへんねんぞ。もしそうなって、ハサミがその子に刺さったら、その子は大けがや。ひょっとした死ぬかもしれへんねんぞ。ええか、ハサミなんかは、絶対に投げたらあかんぞ」と私が大きな声で話すと、〈うっといな〉という表情をしながら「わかったわ」と言うえいちゃんでした。

こんなことが今までよくあったわけではないのですが、偶然にもその次の日に、いいほっちゃん⑤がまたも片付けのときに遊び半分にハサミを投げたのでした。その日は実習できていた平本先生がいて、「危ないよ」と声をかけようと思ったそうです。すると「ハサミ投げたらあかんねんぞー」という大きな声。誰かと思うと、なんとえいちゃんだったのです。えいちゃんはさらに「オレ、札先に怒られてんぞ。ハサミ投げたらあかんねんぞ。ほんま、怒られんぞ」と言ったというのです。

私はえいちゃんのこの一年を振り返って、なかまと共感し合う姿がいろいろな場面で見られるようになってきたのに、どうしてそんなに荒れた姿を見せるのか。自分には背負いきれない寂しさに喘ぐえいちゃんに、私たち指導員はこれ以上何もしてやれないのだろうかと悩んでいただけに、「ハサミ投げたらあかんねんぞ」と大きな声で言ったえいちゃんの姿を平本先生から聞いた時、私たち指導員とえいちゃんとの信頼関係は着実に深まってきていると、大きな確信が持てたのでした。

■一週間休んだゆうき君をめぐって

一一月の末の一週間、ゆうき君②が続けて学童保育を休みました。ゆうき君の家を訪問し、お母さんとゆうき君と三人で話しました。初めはふざけてきちんと話をしようとしないゆうき君でしたが、お母さんの「ゆうき、なんで学童がいやなんかちゃんと話しなさい。先生はゆうきの味方なんやで」のことばに、えいちゃんとの関係を話し始めました。

ゆうき君は運動がすごくできる子で、一年生のときから野球やドッジボールなどがとても上手で、毎日のようにえいちゃんたちとよく遊んできました。でも、ゆうき君も同じ低学年の子と遊びたいときがあるのはあたりまえです。ゆうき君がそんなふうに思っているときでも、えいちゃんは「ゆうき、野球するやろ」と声をかけ、とまどいの表情を見せるゆうき君に、さらに「ゆうき、野球やろうぜ。やれへんかったら、しばく」と言うのです。指導員がそれを聞いているときは「ゆうき君、自分のやりたいことしたらいいねんでー」とフォローするのですが、いつも指導員が見ているとはかぎりません。また、「ものさし、取ってこい」「紙、持ってこい」とゆうき君を小間使いにするようにもなっていたのでした。

一二月三日（日）の夜七時過ぎ、私はえいちゃんの家を訪問しました。残念ながらお母さんは仕事で帰られていませんでした。

「お母さん、日曜も仕事やねんな。たいへんやな。えいちゃんも寂しいなー」と話しかけても、このときのえいちゃんは寂しかったのでしょう。そして、お腹もすいていたのでしょう。あまり元気がなく、私の話を無表情に聞いていました。私は次の機会にするか迷いましたが、一週間休んでいるゆうき君の思いを話しました。さらに〈ちょっと酷かなー〉と思いながらも、「これからゆうき君の所へあやまりに行こう」と誘いました。ゆうき君が月曜日から学童保育にくるようにしてあげたかったからです。お母さんにはこのときも、後でお詫びの電話を入れてもらうことにしました。

えいちゃんを自転車の後ろに乗せながら、いろんな話をしました。でも元気のないえいちゃんは、ほとんど何も話しません。ゆうき君の家に近づいたころ、〈このまま、ゆうき君の家に連れていってどうなるやろう。えいちゃんはきっとあやまる。でも、元気のない、笑顔のないえいちゃんの「ごめん」の思いは、ゆうき君に伝わらへんぞ〉と思い、自転車を方向転換しました。「えいちゃん、晩ご飯、おごったろ。らーめん屋か、マクドナルドかどっちがいい？」と聞くと「マクドナルド」と応えます。ハンバーガーを食べるえいちゃんの横に座り、私はコーラを飲みながら、またいろいろ話し始めました。そして、えいちゃんがひとしきり食べたころ、私が今日のあそびの学校（太子橋学童保育の地域に向けた年一度の行事）で、えいちゃんたちのチームがどんなふうにして二点を入れたかと尋ねると、初めて笑顔を見せ、その話をうれしそうにしてくれるのでした。それからゆうき君の家へ向かいました。えいちゃんは「ゆうき、ごめんな」としっかりとあやまりました。二人には、笑顔がありました。

次の日ゆうき君は、同じクラスのけいた君、ひー君といっしょに、最近にはなかったような笑顔で、はしゃぎながら「ただいまー」と帰ってくるのでした。

⑽ たっちゃん、泣きながら外野へ

――心のなかに育ってきたもう一人のしっかり者の自分

一二月七日（木）。中公園でだいちゃん⑤、たっちゃん⑤、えいちゃん④たちは九名でドッジボールをしていました。

その日の終わりの会の最後に、私はこう話しました。「先生な、ドッジボール見てるとき、何もしてないのに、えいちゃんにちんぽこ思いっきり蹴られてすごーい痛かってん」。子どもたちは大爆笑。そして私の話にみんな注目し始めました。

「それからな、先生な、今日、ドッジボールをしてるん見ててな、ものすごく感動してん。先生が気がついたら、たっちゃんが泣きながら外野のほうに向かって歩いててん。『たっちゃん、どうしたんや？』と聞いてみたら、そばにいてたれきしゃ君（たっちゃんのクラスの友だち）が『たっちゃんがな、（内野で）ボールとって投げようとしてたら、（同じチームの）だいちゃんが（横からじゃまして）ボールをたたいて落としてん。そのボールが（相手チームの）えいちゃんのほうに転がって、えいちゃんがボール取って、たっちゃんはえいちゃんに当てられてん』と教えてくれてん。

それでな、だいちゃんがいる内野のほう見たら、だいちゃんは申し訳なさそうな顔をして立っててん。そしたらだいちゃんは、自分から『たっちゃん、ごめんな』と二度ばかしあやまってんやん。二年生、三年生のころのだいちゃんやったら、そのまたっちゃんのこと気にせんと遊んでたとこやけど、今日はたっちゃんを傷つけたことを自分ですぐに気がついて、自分からあやまってん。やったことはあかんけど、でもすぐに自分からたっちゃんにあやまっただいちゃんを見て、先生は、だいちゃんも成長してきたなーと思ったでー。ほんでな、だいちゃんが『たっちゃん、ごめん』ってあやまってたら、相手チームのえいちゃんがな『たっちゃん、今のセーフでいいでー』って、声をかけてあげてん。えいちゃんはやっぱりやさしいなー。『しばくぞ、ころすぞ』とか言うこともあるけど、えいちゃんはやっぱりええとこあるなー。ほんでな、えいちゃんがな『たっちゃん、今のセーフでいいでー』って言ってくれてんけど、たっちゃんは右手で涙をぬぐってな『アウトでいい』と言って、外野に残ったままドッジボールをやり続けてん。そして、外野から相手チームのてっちゃん⑤を当てて、また内野に入って、元気いっぱいドッジボールを続けてん。

今年の一学期に野球をしていたときは、バッターボックスに立ってたたっちゃんは、大事な場面でストライク・ボールの判定が納得でけへんかって、帽子を地面にたたきつけて、涙流して家に帰ってしまったことがあったなー。でも今日は、たっちゃんは涙を流すくらいくやしかったのに、それでもえいちゃんに『たっちゃん、セーフでいいで』って言ってもらったのに、『アウトでいい』って言って外野でがんばり続けて、てっちゃんを当ててんなー、たっちゃんもたくましいリーダーになったなー」

私はたっちゃんの心のなかに、すごくくやしくても投げ出さず、『負けるな』と自分を前に押し出せるもう一人の自分が、そしてだいちゃんにも、相手の立場に立って考えることのできるもう一人の自分が、また一回り大きく育ってきていることをすごくうれしく思いました。

そして、荒れる姿が目に見えてひどくなってきていたはずのえいちゃんが、このころを境にして、かなりおだやかになっていくのでした。

(11) 中嶋先生の「いってらっしゃい」の温かさ

一二月一八日（月）の指導員の打ち合わせ会で中嶋先生の話を聞き、なぜえいちゃんがだいぶおだやかになってきているのか、もう一つのたいせつなことが見えてきました。中嶋先生はこの日、こんな話を報告しました。

太子橋学童保育では、子どもたちを二つのグループに分けて、家の近くまで指導員が送っています。中嶋先生は、二、三丁目の子どもたちを送って行きます。

一一月三〇日（木）の夕方、学童保育からの帰り道のこと。「中嶋先生、今日は（朝、私が学校に行く時、ベランダで）後ろ向いて干してたなー」と話してくるさくらちゃん①に、「そうやねん、振り向いたらさくらちゃん渡りかけやって、あわてて手を振ったなー」と応えていました。すると、「なに、それ?」と興味深そうに聞き寄ってきたのは、えいちゃんでした。中嶋先生が「毎朝ベランダで洗濯物を干しながら、先生がさくらちゃんに手を振って『いってらっしゃい』してんねんなー。えいちゃんとみなみちゃんにもしてんねんでー」と話すと、「えー…」と不思議そうな顔をするえいちゃんでした。さらに「後姿に手を振って、『えいちゃん、いってらっしゃい』『みなみちゃん、いってらっしゃい』ってしてるんよ」と話すと、はずかしそうに「うそー」とえいちゃん。「ほんとう。えいちゃん、いつも、前で二人で歩いてる子の後ろで一人でついて行ってるやろ」と中嶋先生が話すと、「うん」と目を丸くしてうれしそうに笑みをこぼしました。

次の日の朝、中嶋先生はまたベランダから、学校へ向かうえいちゃんたちの姿をずっと見つめていました。すると、えいちゃんが中嶋先生のベランダのほうを振り返ったのです。中嶋先生が「いってらっしゃい」と手を振ると、「いってきまーす！」と笑顔で手を振り、それからしばらく歩いてからまた振り返り、中嶋先生に手を振るのでした。

中嶋先生の家は太子橋三丁目（太子橋は、一丁目から三丁目まである東西に細長い地域、太子橋小学校は、一丁目にあります）の端のほうなので、家の前を通って登校していく学童保育の子は、この三人だけなのですが、この日から、えいちゃんとも「いってらっしゃい」「いってきまーす」と手を振り合うことをたいせつな日課にしているというのです。

私はこの中嶋先生の話を聞いて、自分も心が温まる思いがしました。中嶋先生と「いってらっしゃい」「いってきまーす」と手を振り合えるようになったえいちゃんは、どれほど心温まる思いをしているだろうかと、深く感動しました。中嶋先生のかかわりには、まだ続きがあるのでした。

■夕方、真っ暗な家に灯りが灯ることを見とどけて

前日の夕方、えいちゃんはまた腹を立て「しばくぞ」と言い始めていたのです。でもそのトーンは、少し前までと比べると明らかにおだやかになっていました。私はそんなえいちゃんをひとしきりこそばした後、えいちゃんの上に乗っかっていました。「しりげ、やめろー」と言うものの、え

いちゃんには笑顔がありました。少し前までなら「しりげ、やめろ」と言って、ふてぶてしい顔をしていたのですが、私とじゃれ合うことを久しぶりに喜んでいるようでもありました。えいちゃんは私を振り切り、「しりげ、バイバイ」と言って、中嶋先生たちを追いかけて行きました。

えいちゃんが中嶋先生たちに追いつくと、「札内先生に勝ったー?」と中嶋先生。「あかんわー」と応えるえいちゃんは、何か満足気に見えました。「中三くらいになったら、勝てるかもしれんよ」と中嶋先生が話しかけると、「そうかなー」と応えるえいちゃんでした。

そして中嶋先生はさらにこんな話も報告しました。

数日前に中嶋先生がえいちゃんたちを送っていった日のこと。えいちゃんが「家まできて」と言い出しました。えいちゃんの家に向かいながら、中嶋先生が「えいちゃん、覚えてる。一年生のころ、家まで送ってあげたとき、お母さんが帰っていないと、えいちゃんが泣き出して、先生を帰らせてくれへんかったん」と話すと、その話はせんといて、と言わんばかりの表情で「先生、ちょっと、待っといてな」と言って、真っ暗な家のなかに入っていきました。そして灯りをつけるとまた出てきて、「先生、もういいでー。ばいばい」と言うのでした。

私はこの二つの報告を聞いて、保護者からの「おはよう」「おやすみ」「いってらっしゃい」「おかえり」や、朝晩家族といっしょにご飯を食べたり、お風呂に入ったりすることって、子どもの成長にとってかけがえのないことなんだということを改めて学びました。共働き・母子・父子家庭では、リストラや労働強化の現実があるなかで、そうは言っても、ままならないのが現実です。全部

こま手のせ競争でがんばるえいちゃん

でなくても、たとえば「おやすみ」を人一倍たいせつにして子育てをされている方もいられることでしょう。私は改めて、「ただいまー」と言って帰ってくる子どもたちを、「おかえり」と言って温かく迎えてあげる学童保育の指導員の役割の奥深さを確かめることができました。そして、えいちゃんに対して「おかえり」と共に、朝「いってらっしゃい」と言って送ってあげていること、夕方帰ったとき、真っ暗な家に灯りを灯すまでそばにいてあげることをとおして、えいちゃんの思いをしっかりと受けとめている中嶋先生のすばらしいかかわりに、また深く感動するのでした。

解説 子どもとともに豊かなあそびの世界を創り出す学童保育の実践

和歌山大学　船越　勝

1　学童保育の指導員としての札内先生

全国から長らく待望されていた札内敏朗先生（太子橋第二学童保育）の実践記録が出版されることになりました。ご存じのとおり、札内先生は、二五年のキャリアを持つ、大阪を代表する学童保育の実践家であるとともに、学童保育の実践のあり方をめぐって全国をリードしている、すぐれた研究的力量の持ち主でもあります。それは、さまざまな研修活動での活躍を見ればわかるでしょう。したがって、本書も、札内先生が日々向き合っている子どもたちと共同で創り出した学童保育の生活づくりの実践の事実を、読者にとってわかりやすく記録した本であると同時に、実践の事実に裏付けられた、学童保育におけるあそびの指導や集団づくりのあり方についての理論的提起の書でもあります。

ところで、読者にとってわかりやすい実践記録とは、何でしょう。それはたんにその記録が感動的な物語性を持っているということだけでなく、①子どもの事実、②子ども分析（発達課題の分析）、③指導員の指導方針、④指導員の指導の事実（個人指導と集団指導）という四つのことが明らかにされていることだと私たちは考えています。そして、だからこそ、その記録は、学童保育研究の科学的な検討の対象や素材にもなりえるのです。そうした点で、今回の札内先生の実践記録は、十分応えるものになっています。

以上のことから、私は、本書を全国の学童保育関係者はいうまでもなく、あそびや集団づくりに関心のある保育士や教師の方々、子育てに悩む保護者の方々など少しでも多くの方が読んでくださることを願うとともに、そのことにとどまらず、本書が示しているあそびを中心とした生活づくりの事実やそれを踏まえた理論的な提起をぜひ積極的に検討してほしいと思います。それは、そのことを通して、学童保育実践のあり方をめぐって、全国の研究的な合意をいっそう広げることができるし、学童保育指導員の専門性の内実を究明することにもつながると考えるからです。

そのために、この解説では、本書の実践の事実と理論的提起が、現在の学童保育実践の研究にとって、どのような意味を持っているのかについて、五つの視点から簡単に補説してみることにします。

2　指導とは何か

（1）指導という言葉が揺れている

今日、学童保育実践における指導という言葉の位置づけをめぐって、論争的な議論が行なわれています。すなわち、指導、とりわけ意図的指導は子どもの自主性を損なうものであり、むしろ援助や支援というほうがよいというものです。しかし、こうした主張は、指導という言葉をめぐって行なわれてきた戦後の教育学研究や保育研究の到達点を正しく理解しているものということはできません。たとえば、城丸章夫氏は、指導は「拒否の自由」を前提にしていると指摘されていますが[1]、だからこそ、札内先生も、管理のように強制するのではなく、「その気にさせることが指導」だととらえているのです。

また、このように指導をその気にさせることだととらえているからこそ、子どもをその気にさせるためには、教育的な意図は持ちつつも、状況によっては、働きかけないこと、すなわち「待つ」[2]ことも指導の一つだととらえることになります。札内先生のいう「指導とは、指導と無指導の連続」とはこのような意味でとらえられるべきでしょう。このような指導という言葉のイメージを拡張化・豊富化させたいという札内先生の思いが、第一章におけるあそびの指導のさまざまなヴァリエーションを一つひとつ明らかにするという作業につながっていると思います。

（2）受容・共感と要求を統一して

この数年、子どもたちの「新しい荒れ」[3]や暴力行為の問題、さらには「自己中児」などのさまざまな発達のトラブルが指摘されてきましたが、学童保育の現場もまた、例外ではなく、現在、大きな困難のなかにあります。子どもたちのこうした暴力の背景には、親の虐待や教師の体罰などの直接的な暴力や受験競争などの「構造的暴力」（ガルトゥング）があり、そうした「暴力の連鎖」として子どもたちの暴力が生み出されている以上、管理主義の強化などの力による支配で問題が解決されるはずがありません。むしろより大きな子どもたちの反抗を生み出すだけでしょう。したがって、指導として求められるのは、暴力や支配に苦しむ子どもたちの内面に、指導員として、さらには、同じ時代に生きる人間として、どう寄り添い、共感のまなざしを向けていくかということになります。

しかし、ここで新たな実践的課題が生じます。それは、まず受容・共感したうえで、指導（要求）するのかという問題です。札内先生は日頃から、「段階論でとらえるものではない」と述べられていますが、重要な指摘です。というのは、こうした受容・共感から要求への段階論では、第一に、どこまで受容・共感したら要求するのか明らかでなく、むしろ子どもに追従した、〝這い回る〟実践になりやすい、第二に、子どもの「弱さ」ばかりに目がいき、要求（励まし）によって立ち上がってくる「強さ」としての「第二の自我」や「もう一人の自分」が指導の契機として十分着目されていない、第三に、共感や要求する主体として想定されているのが指導員中心で、子ども集団の共感や要求が位置づけられていないなどの問題点があるからです。

ですから、大切なのは、共感しつつ要求するという「共感的要求」という視点です。たとえば、普段トラブルを起こしたりすることのほとんどないたっちゃんが、帽子を投げ捨てて、泣きながら家に帰ってしまうという事件が起きましたが、そのときの指導のことについて考えてみましょう。

いつもと違う行動なので、そうしたたっちゃんの行動をどのように読み解き、理解するかは指導員としての力量が問われるところです。札内先生は、まず指導員の打ち合わせ会で共同の分析を行なったところがさすがです。分析しにくい事例に出会ったら、多くの人の視点を持ち寄ることが、子ども自身の真実に迫るのに近道だからです。打ち合わせ会で、札内先生は次のように分析されています。すなわち、「たっちゃんは、自分が大事な場面でボールと思って見逃した球を、えいちゃんに『今のは、入ったで！』と言われたのは仕方ないものの、味方の球審のりょうた君までが、いともかんたんに『ストライク』って言ったのには、りょうた君がえいちゃんの勢いに押されてそういったと思って、悔しくて帽子を地面に投げつけたんやろねー。でも、僕が呼び止めてもたっちゃんが家に帰ってしまったんは、きっと大事な場面で見逃しの三振になって、理由はどうあれ、帽子を地面に投げつけて帰り始めた自分がなさけない、はずかしいという思いもあったんちゃうかなーと思うんですけどねー」（一九一頁）というものです。つまり、たっちゃんのなかには、「悔しくて帽子を地面に投げつけた」たっちゃんとともに、「帽子を地面に投げつけて帰り始めた自分がなさけない、はずかしいという思い」を持ち始めている「もう一人のたっちゃん」が生まれ始めているのではないかと分析しているのです。

したがって、打ち合わせ会では、詳細は書かれていませんが、たぶん、第一に、このようにたっちゃんのなかに「もう一人の自分」が確かに生まれてきていること、だからこそ、第二に、一方では、「悔しくて帽子を地面に投げつけた」たっちゃんには、その悔しい気持ちに寄り添い、共感の思いを寄せ、他方では、「帽子を地面に投げつけて帰り始めた自分がなさけない、はずかしいという思い」を持ち始めている「もう一人のたっちゃん」には、そうした思いを強め、自立へ向けて励ましていく（要求）ことが指導方針としては求められていることを指導員全体で確認したのであろうと推察されます。

こうした共同での分析と方針の確認を踏まえたうえで、札内先生は、その日、たっちゃんにキレざるをえなかった思いについての指導員集団の分析を寄り添いながら語り、彼の「心の世界」に共感のメッセージを送るとともに、だけれども、「たっちゃん、負けたらあかんで。くやしい自分に負けたらあかんでー」と励ました（要求した）のです。

このように、子どもたちに対する共感的要求としての指導というのは、共感しつつ要求し、そうした要求のなかで子どもが変わってきた姿にまた共感の思いを寄せるというように、段階的ではなく、むしろ螺旋的に発展していくものなのです。

そして、指導員や仲間のこうしたかかわりの積み重ねのなかで、「すごくくやしいことや困難なことに出会い、くじけそうな時に『くじけるな』と自分を前に押し出せるもう一人の自分を心のなかに育てていく」（一九二頁）ことができるのです。

では、なぜ札内先生には、このような共感的な要求としての指導が展開できたのでしょうか。それは第一に、たっちゃんをはじめとして、その子どもが育ってきた歴史（生育史）と現在の置かれている状況を深くとらえる努力を積み上げてくるなかで、その子どものリアリティ（真実の姿）に迫ることができたので、そのしんどさに共感することもできたし、そのしんどさにもかかわらず、その内部に胚胎している可能性を励ます（要求）ことができたのだと思います。

第二に、子どもの「無限の可能性」への確信です。確かに、子どもはその置かれている状況のなかで、「自立へ向けた苦悩」の表現（アクティング・アウト）としてさまざまなトラブルを引き起こします。しかし、そうした苦悩を理解し、励ましてくれる共感的で、共闘的な他者と出会った時、そして、そのことを介して、自己肯定感と人間についての「基本的信頼」とを取り戻すことができたとき、必ず変わります。「どんな子どもでも必ず変わる」という熱い思いを持ち続けているからこそ、子どもが変革する契機を発見することができたのでしょう。

このような共感的要求としての指導のさらに詳細な具体的展開については、とりわけ第四章を中心に詳述されていますので、ぜひお読みください。

3　豊かなあそびの世界をどう生み出すか

(1) 学童保育におけるあそびの指導の問題点を越える
――「自由遊び」と「とりくみ」の区別と関連――

学童保育の生活づくりにおいて、その中心になるのがあそびであることはいうまでもありませんが、学童保育であそびを指導するとはどうすることなのかということは、そんなに簡単な問題ではありません。

札内先生は、このような学童保育でのあそびの指導の現状について、次のような三つの誤った傾向があると指摘しています（一四〇頁）。すなわち、第一に、指導員の思いが先行する傾向、第二に、指導員があそびを導入することを否定する傾向、第三に、あそびには指導はいらないと考える傾向というものです。これに、私がさまざまな学童保育の実践から学んできた経験を付け加えると、一人ひとりのやりたいあそびが大切にされず、全体遊びが中心であそびの指導が行なわれる傾向や、ごっこあそびが位置づけられず、集団あそび（ルールのあるあそび）ばかりであそびの指導が行なわれる傾向などもあるように思います。

では、このような学童保育におけるあそびの指導の問題点をどう越えていけばいいのでしょうか。その点について、札内先生は、あそびを「自由あそび」と「とりくみ」とに区別しつつ、両者の関連を追求していくという提案をされています。ここでいう「自由あそび」とは、「自由に過ごせる時間に展開している活動」であり、あそびの本質のことを指し、他方、「とりくみ」とは、全体あそびや行事など、「みんなで取り組もうとする」活動のことを意味します。このように「自由あそび」と「とりくみ」を区別すると、「自由あそび」においては、指導員の思いを押しつけたり、全体あそびと称して一つのあそびを強要するのではなく、「遊びたい人と遊びたいあそびを遊びたいように遊ぶ」ことが大切にされる必要がありますし、また、「とりくみ」では、仲間から孤立化し、コンピューター・ゲームばかりの現代の子どもたちに、あそびとそのスキルを指導員が教えることは否定されることではなく、むしろ重視されるべきことなのです。そして、「とりくみ」を通して学んだあそびが「自由あそび」の時間に流行することもありますし、逆に、「自由あそび」で行なっていたあそびを「とりくみ」へ発展させることもあるのです。要は、「自由あそび」と「とりくみ」の違いを認識しつつ、両者を相補的に発展させる指導員の指導が求められているのです。

（2）あそびの自己決定権の育成を目指して

このような指導員のあそびの指導における「自由あそび」と「とりくみ」の区別と関連の追求というテーマは、子どもの側の発達（獲得）させるべき価値の問題として引き取ると、それは、あそびの自己決定権をどう育んでいくかということになります。ここでのあそびの自己決定権とは、先に指摘したように、子どもが「遊びたい人と遊びたいあそびを遊びたいように遊ぶ」力のことをいいます。また、それは、札内先生のいわれている「遊びきる力」とも重なり合うものだと考えています。このように考えると、「自由あそび」の時の指導員の指導は、子どもがあそびの自己決定権を行使できるようにすることであり、「とりくみ」の時の指導員の指導は、「自由あそび」のときにあそびの自己決定権を行使できる力を育てることをめざしているということができましょう。

このような子どものあそびの自己決定権を育成する指導のあり方を深めていくうえで、次のような二つの研究課題があるのではないかと私は思います。

一つは、あそびにおけるプレイ性とゲーム性という問題です[4]。ここでいうプレイ性とは、象徴あそびに代表されるように、あそびにおける、子どもがイメージをふくらまし、世界を想像し、創造していく側面を指し、ゲーム性とは、ルールのあるあそびに代表されるように、あそびにおける、ルールに従い、勝ち負けをはっきりさせる側面を意味します。あそびを自己決定するとは、それは、どんな世界をつくるかを自己決定するということであり、そうした点からすれば、あそびの指導においてもプレイ性が基本になります。にもかかわらず、今の子どもたちは、競争意識に過剰に囚われるなかで、あそびのプレイ性は干からびて、勝ち負けだけにこだわります。ここをどう実践的に克服するかです。その点で、第四章のりゅうじ君へのごっこ遊びの指導は、非常に興味深い論点を提示しているといえます。

いま一つは、少年期（子ども期）にふさわしいあそびの集団関係をどう創り出していくかという問題です。子どもたちは、アトム化といわれるほどに孤立化が進行しています。「少年期不在[5]」といわれるなかで、子どもたちにギャングエイジにふさわしい少年期集団をどう取り戻していくのかは焦眉の課題です。少年期集団とは、通常五人から一〇人くらいの集団をいいますが、幼児期から少年期への移行を考えた場合、五人という人数を子どもたちがまず我がものにできるかどうかが重要です。つまり、自己決定権を個人のレベルだけでなく、五人という集団の磁場のなかでも行使できるようにする方途を究明していくことが実践的にポイントになる、ということを指摘しておきたいと思います。

4　子どもたちの「自治の世界」と集団づくり

学童保育の実践においても、集団づくりという言葉は、ずいぶん市民権を得てきているといってもいいですが、その内実をどのように理解しているかをめぐっては、少なからぬ違いがあるように思われます。私は、集団づくりとは、基本的に、「子どもたちの対等・平等で相互援助的な自主的・主体的かかわり合い（関係性）をつくり出すことである」と考えていますが、[6]こうした立場から、札内先生の実践における集団づくりの側面をめぐって、今後深めていかなければならないいくつかの論点について述べてみましょう。

（1）「指導の指導」とリーダーの位置づけ

なぜ、私たちは集団づくりに取り組むのでしょうか。こうした根本的な問いかけに答えるとしたら、それは、子どもたちが共同することを通して、自分たちのことは自分たちで決定し、実行するという「自治の世界」を創り出すためであるといってよいでしょう。

札内先生は、このような「自治の世界」を創り出す、具体的にいえば、あそびや生活を自分たちの力で創り出していくために、「指導の指導」という視点を大切にされています。この「指導の指導」という考え方は、指導員が「子どもが子どもに働きかけることを指導する」ことを意味しますが、それは何よりも、集団のなかでの子どもたち相互の誘い合いや働きかけ合いを大切にしているということです。いいかえれば、札内先生が、学童保育の生活は基本的には子どもたちのものであり、だからこそ、彼ら／彼女らが自ら主体となって働きかけ合って、創り出していくものだという認識に立っていることでもあります。

ということは、このような「指導の指導」という考え方は、指導とは最終的には自己指導へと転化するものであり、指導とは指導しないこと、すなわち、指導員の直接的な指導という形態を超えていくことを目指しているものだということができましょう。

このような「指導の指導」という指導員の指導のあり方を実践的に追求していくうえで、リーダー指導はきわめて重要な位置を占めます。しかし、リーダーほどその評価が割れるものもありません。いわく、リーダー指導はエリートを育てるとか、管理の手段であるとか云々。では、リーダーがこのような隘路《あいろ》に陥らず、子どもたちの「自治の世界」を切り拓いていく存在へと育っていくためには、どのような指導が求められるのでしょうか。

それは、まず第一に、リーダーを指導員の側からとらえるのではなく、子どもの側からとらえるということです。リーダーを指導員の側からとらえるというのは、リーダーを指導員にとって都合のいい、「手下」や「下請け」としてとらえる危険性があるのに対して、リーダーを子どもの側からとらえるというのは、リーダーを子ども集団の代表だと明確に位置づけるということです。したがって、リーダーの仕事は、指導員の側からとらえると、指導員の要求を班やグループの仲間に伝えることが中心になりますが、子どもの側からとらえると、班やグループの仲間の要求を指導員や他の班やグループへ伝えることになります。子どもの側に立ちきって、リーダーをとらえることができるかどうかがポイントです。

第二は、リーダー指導をリーダーに対する指導だけでなく、フォロアーに対する指導という視点からも構想しているかどうかということです。ここでいうフォロアーとは、リーダー以外のメンバーのことを指していて、その役割は、リーダーの指導が自分たちの要求に合致していれば積極的に協力するし、違っていれば必要な批判などを行なうのです。したがって、ほんとうにすぐれたリーダーを育てようとすれば、すぐれたフォロアーを育てることが必要なのです。札内先生は、第四章で、「リーダーからの働きかけが、みんなをたいせつにし合えるものなら、受け入れ共にすすめていける、逆に自分勝手なものなら、拒否し批判の声を上げていけるような子ども同士の関係を育てていく」（一八六頁）と述べておられますが、これはフォロアーに対する指導の重要性を指摘したものだといえるでしょう。

第三は、制度的リーダーと機能的リーダーという視点です。集団づくりのなかでのリーダーとは、班長などの役職に就いているものだけでなく、役職には就いていないのだけれど、「自由あそび」の場面などでリーダーシップを発揮するものも存在します。ここでは、前者を制度的リーダーといい、後者を機能的リーダーといいます。リーダー指導を考えるときに、前者だけでなく、後者も常に視野に入れておくとともに、両者の相互発展を追求することが豊かな集団の発展には必要です。

(2) ルールを創るルールを教える

次に、きまりやルールの指導についてです。今日、「新たな荒れ」や暴力行為の増加のなかで、きまりやルールの指導が強調されています。しかし、このようなきまりやルールの指導も、どのような立場から考えるかによって、その中身は一八〇度異なったものになります。管理主義の立場では、きまりやルールの指導は、客観的な必要性が必ずしもないものを大人の側が一方的に決めて、押しつけるという形になりますが、「自治の世界」では、「弱者」の権利を保障するために、子どもたちが自己決定して、創り出すことが基本になります。つまり、ルールがなければ、創ればいいし、ルールに問題があれば、創り直せばいいということです。これを「ルールを創るルール」といいます。

札内先生の実践では、ブランコ鬼が発展していく過程や庭球野球における「投げまね」（人数が少ないと守りきれないので、投げるまねをしてアウトにするルール）は、あそびの場面で子どもたちがルールを新たに創り出した事例ですが、こうした力を基礎にして、「ルールを創るルール」を生活の場面にも適用できるようにすることが大切です。

（3）指導員の評価をどう考えるか

最後に、指導員の評価です。集団づくりの実践において、評価という指導は、指示のように直接的に行為を方向付けるのではなく、子どもの自主性に依拠するという理由から、これまで大切にされてきました。しかし、他方で、評価は子どもを掌で操る操作主義だという批判も出されていました。つまり、人為性（やらせ）の高い評価という問題です。そうはいっても、「誉め上手は子育て上手」という言葉にも真理は含まれているように思われます。この問題をどう考えたらいいのでしょうか。

子どもを評価によって操作するような実践があることは事実です。また、管理主義的な規範が内面化された結果、最近の子どもたちが大人の顔色を伺い、その考えを先取りするような状況（マインド・コントロール）が進行しているのも、操作的な実践に拍車をかけているようです。しかし、中心になるのは、評価する者の権力性に対する態度です。その評価が権力者によってなされるから従うのか、それとも評価の中身を自分も正しいと考えるし、納得できるから従うのかということです。札内先生は、評価を「つぶやき」として行なわれていますが、それは、後者の視点から、子どもの輝く場面で、つぶやきという形で指導員の共感の思いを寄せることで、自分のメッセージが集団の納得を受けるかどうかを試しているです。そして、その試験に合格したつぶやきのみが子ども集団による評価という形で結実すると考えているのです。つまり、納得にもとづく自然な評価であり、指導員の権力性をそぎ落とした、子ども集団自身による「指導の指導」としての意味も持った評価なのです。

5　実践を支え合い、専門職として育ち合う職場づくり

本書の実践記録を読まれて、意外に思われる可能性があるのは、これは札内先生の手による実践記録なのに、札内先生以外の職場の同僚の中島先生、白木先生、谷川先生がたくさん出てくるということです。しかし、考えてみれば、学童保育という仕事は、基本的には、複数の指導員による共同の営みであり、チーム・ティーチングなので、当たり前なのです。ですが、これまで発表された実践記録の多くが指導員個人のものである点に、いかに指導員の共同の取り組みが困難な課題であるかということを示しています。

このような専門職が共同で実践を支え合い学び合いながら、お互いの専門性を高め育ち合う関係を、近年の教育や福祉、医療の分野の研究では、「同僚性（collegiality）」[7]と呼んで、非常に重視しています。こうした観点からすれば、札内先生の職場である太子橋第二学童保育は、きわめて同僚性の高い職場になっているということができますし、あそびの指導や集団づくりの指導という本書

の表の看板以上に、ここに注目してほしいという思いが私にはあります。いや、こうした職場づくりがあるから、表の看板のあそびの指導や集団づくりの指導が可能になっているというほうが正確なのかもしれません。

このような職場の同僚性が発揮されている場面として、当然、たとえば、白木先生のごっこあそびの指導のように、指導員一人ひとりの個性が輝いているあそびの場面がありますが、それ以上に指導員の打ち合わせ会議が重要だと私は思うのです。それは、第一に、指導員一人ひとりの発見した子どもの事実とその見方が出されるなかで、一人ひとりの子どもの多面的な見方が可能になり、子ども理解（分析）が深められるということです。第二は、このような子ども理解の共有を前提としたうえで、どのような働きかけが必要なのかという指導方針の共有が行なわれるとともに、その指導方針を実現するために、指導員一人ひとりの個性を生かした具体的な働きかけが構想されるということです。また、第三に、こうした子ども理解と指導方針の共有が指導員間に存在するので、子どもたちの状況に応じて、臨機応変の対応も可能になるということです。

私は、かつて学生とともに、この指導員の打ち合わせ会議に同席させていただいたことがありますが、子どもが帰ってくる前の時間に、かなり時間をかけて一人ひとりの子どもについて語り合うこの会議の水準の高さにびっくりしました。しかし、本書を読んで、この会議の質の高さが太子橋第二学童の実践の質を創り出しているのだと確信しました。いくつか紹介されている打ち合わせ会議の意味を読者の方はぜひ読み込んでください。

6　学童保育の生活づくりと地域の子育てネットワークづくり

現代の子どもたちは、先にも指摘してきたように、受験などのさまざまな競争を通して、また、コンピューター・ゲームなどの文化を通して、地域のなかでバラバラに切り離され、孤立化と相互の無関心化を深めています。また、こうした孤立化と無関心化をしているのは、子どもだけでなく、親もまたそうなのです。地域のコミュニティが崩壊し、親同士のつながりが失われるなかで、子育ての知恵が共有化されず、子育て不安に囚われるなかで、「よい子に育てるのは、自分がよい親であることを証明するためである」というところにまで追い込まれている親が少なくないのです。

こうした子どもや親のつらい思いを紡ぎ出すなかで、地域をだれでもが何でもいうことができるし、一人ひとりが排除されず、大切にされる「公共圏」[8]にしていくことが、今、求められています。では、そうした「公共圏」としての地域を創り出していくのに、私たちの学童保育所は何ができるのでしょうか。札内先生は、「地域に豊かな遊び文化を育む青空児童館」という視点を強調されていますが、それは、学童保育所が学童へ来ている子どもだけでなく、地域に生活しているすべての子どもを視野に入れて、豊かなあそびや文化のある地域を再生させていく拠点にならねばならないということではないでしょうか。また、マンションの盆踊りへ積極的に参加しているのは、学童保育所の存在を地域の人たちへアピールするとともに、自分たちの住んでいる地域の問題を共々に考え、子ども含めた地域住民相互のつながりを取り戻していこうというメッセージを送っているのではないかと思います。こうした地域に開かれた学童保育の生活づくりの積み重ねから、「公共圏」は立ち上がるのです。ここに地域の子育てネットワークの結節点、さらには、「公共圏」づくりの発信地としての学童保育所の存在意義があると私は考えます。

札内先生および太子橋第二学童保育の実践のさらなる発展を心から期待しています。

〈注〉

（1）城丸章夫著『子どものあそびと仕事』草土文化、一九七八年参照。

（2）川合章「子どもの内面の発達を〝待つ〟」同編『シリーズ子どもの人格と学力』第1巻、労働旬報社、一九八七年参照。

（3）拙論「学級崩壊問題の最前線」船越勝他編『学級崩壊　克服へのみちすじ』第V巻、フォーラム・A、二〇〇一年参照。

（4）竹内常一著『学級集団づくりのための12章』日本標準、一九八七年、五八頁参照。

（5）竹内常一著『少年期不在』青木書店、一九九八年参照。

（6）拙論「道徳と特別活動の指導」有吉・長澤編『教育実習の新たな展開』ミネルヴァ書房、二〇〇一年参照。

（7）佐藤学著『教師というアポリア』世織書房、一九九七年参照。

（8）花田達朗著『公共圏という名の社会空間』木鐸社、一九九六年参照。

おわりに

この本は、大阪保育研究所の杉山先生に「実践をしっかりとまとめてみないか」とすすめられたのがきっかけで生まれました。私は、学童保育の指導員を始めて今年で二五年になります。これまでの自分たちの実践を整理し、あしたの実践につながる課題を確かめるよい機会と思い、自分なりに全力を出して、とくにこの二〜三年の太子橋学童での実践を中心にまとめてみました。書くことの苦手な私にいろいろとアドバイスをしてくださった杉山先生、大阪学童保育連絡協議会の前田さん、指導員専門性研究会の泊さん、そして、和歌山大学の船越先生方に感謝いたします。

私はまだまだ未熟な指導員ですが、最後に自分がどのようななかで学童保育の指導員としての専門性を磨いてきたかを書いておきます。

私を指導員として育ててきてくれたのは、まず、創設期の父母たちです。学童保育について何もわからなかった私は、子育てと保育運動の先輩である当時の父母たちから多くのことを学びました。二人の子どもができ、指導員を続けるかどうか迷っていた私を励まし、国や大阪市に向けた学童保育の制度充実に向けた運動を共にすすめ、指導員の労働条件の改善にも努力してくれた父母たち。

さらに今、大阪市が八年前より全児童対策として始めた「放課後児童いきいき事業」とのかかわりで、大阪市の学童保育を維持発展させることがたいへんな状況となったなかで、昨年、大阪市に向けて直接請求署名に共に取り組んだ父母たち。私はこれらたくさんの父母たちと共に子どもの姿を見つめ合い、語り合うことをとおして、指導員の専門性を磨いてきました。

第二は、大阪工業大学の工学部二部電子工学科というまったく畑違いの出身の私にとって、学童保育大学のような役割を果たしてくれた大阪保育運動センター（大阪学童保育連絡協議会、大阪市学童保育連絡協議会、大阪保育運動連絡会・大阪保育研究所などが参加している財団法人の組織）との出会いがあったことです。そこを通じて全国や大阪の学童保育研究集会・指導員学校・大阪学童保育指導員講座・指導員養成講座・大阪保育研究所の実践研究会・大阪市内学習会・旭指導員部会などの学習会に欠かさず参加し、学習しつつ実践してきたなかでこそ、指導員としての専門性を磨いてこれたのだと、私は思っています。

第三は、大阪市学童保育指導員組合の指導員なかまや大阪市学童保育連絡協議会の父母や指導員なかまと、共に学びながら、国や大阪市に向けて、学童保育の制度充実に向けて要求運動を繰り広げてきたことです。子どもたちが健やかに育つ社会、子どもたちに豊かな放課後を保障していけるような学童保育の制度の充実に向けて闘うことが、学ぶことなのだと私は思っています。

それは、教育や福祉、医療の制度、とくに学童保育の制度の遅れた現状のままでは、実践の中身の発展にもおのずから大きな壁があるからです。闘いつつ学び、学びつつ実践してこそ、実践の中身が真の意味で発展していくし、私たちの専門性は磨いていけるのだと思っています。

第四は、旭学童保育連絡協議会の指導員部会において、毎週火曜日、順番に一人ひとりの指導員が、実践を報告し、深め合ってきたことです。私は指導員の専門性を高めていくうえで、なかまのなかでのこうした実践検討会を日常化していくことはとてもたいせつなことだと思っています。

第五は、太子橋学童保育での実践です。まだまだ発展途上の実践ですが、私たち指導員は実践をまとめていくうえで、次のようなことをたいせつにしています。まずは、①子どもの姿を事実でとらえるためにも、メモ帳を活用しています。そして、②毎日欠かさずに日記を書くこと。③月〜金曜日毎日欠かさず、子どもが帰ってくる前に三〇分くらい打ち合わせ会議を行ない、その中身を記録すること。④週に一回くらいクラブ便り『子どもの砦』を発行すること。⑤父母会や子育て懇談会、個人懇談会などを通じて、父母たちと子どものようすを伝え合い、語り合うことなどをたいせつにしています。

指導員体制は、第一学童がパート二人、第二学童が専任一人とパート一人の体制です。この四人の指導員の一人ひとりが日々実践しながらメモをとり、日誌を書き、打ち合わせ会議や立ち話などで、子どもたちをめぐるさまざまなことを出し合い、深め合い、総括し、指導方針を持って臨めることをたいせつにしています。ですから、この本を読んでいただくと、まとめたのは専任の私ですが、実践を生み出したのは四人の指導員であることがよくわかっていただけると思います。私が誇りをもって、胸を張って言えることは、太子橋学童保育の実践は、四人の指導員のすばらしいチームワークを育てながら、実践をすすめてきていることです。

第六は、いろんな機会に輝く笑顔を見せてくれる子どもたちの存在です。学童保育を巣立っていっても、ときどき遊びにきたり、笑顔で、あるいは照れた表情であいさつしてくれるＯＢたちの姿にも大きく励まされます。困難ななかでも、私たちが学童保育の指導員の仕事を続ける力を与えてくれている一番の原動力は、やはりここにあるように思います。

国会でも共働きが一般化してきたことが語られるなかで、学童保育は三年前に法制化され、児童福祉法に基づく事業となりました。このことは、これまでの私たちの学童保育運動の到達点として確信をもつ必要がありますが、法の中身は施設や指導員の配置になんら最低基準が示されておらず、その水準はきわめて低い実態に留まっています。『一校区に一個所、公設公営の学童保育を設置し、学童保育を必要とする全ての子どもたちが通えるような学童保育の制度を、そして、そこに専任の複数の指導員が配置され、指導員の身分もしっかりと保障されているような制度を確立していく』このことをめざす国や自治体に向けた運動を、今こそかつてない規模で進めていくことが求められていると思います。

また、そのような学童保育の制度を確立していくためにも、学童保育にあずける親たちが子どもの放課後のことは安心して働き続けていけるような中身をつくっていくこと、一人ひとりの子どもたちに学童保育の生活となかまのなかに安心して自分を出せる居場所があるような中身をつくっていくこと、一人ひとりの子どもたちの健やかな成長と発達を保障していけるような学童保育の中身をつくっていくこと、そして、働きながら子育てをする親なら誰もがあずけたいと思ってもらえるような学童保育の中身をつくっていくこと、そんな学童保育をつくりだしていくためにも指導員の専門性を高めていくことが今ほど求められている時はないといっても過言ではありません。

ちなみに私たちは、昨年七月に「学童保育指導員専門性研究会」を発足させ、全国的な規模で、指導員や父母、研究者などが一体となって、学童保育の指導員の専門性を高めていくためにさまざまな取り組みを行ない始めています。この機会にぜひ、みなさんにも「学童保育指導員専門性研究会」の会員になってくださることを呼びかけたいと思います。(詳しくは、〇六—六七六三—四三八一事務局長の泊まで）また、こうした全国的な規模でのとりくみと共に、各地方、各地域でのいろんな形での研修活動を旺盛に展開し、その一つひとつをこれまで以上の参加者と充実した中身で成功させていくことが、今、求められていると思います。

最後にこの本を出版するにあたって、名古屋さんをはじめ「ひとなる書房」のみなさんから、たくさんのアドバイスとご協力をいただいたことに、心からお礼を申し上げます。

二〇〇一年九月

札内　敏朗

〈著者〉
札内　敏朗（ふだうち　としろう）
1956年兵庫県尼崎市に生まれる
現在　太子橋第二学童保育指導員（指導員歴26年目）
大阪市学童保育連絡協議会事務局次長
大阪保育研究所所員
著書　『燃える放課後』（共著　あゆみ出版）
『幼児期から学童期へ』（共著　あゆみ出版）
『学童保育の生活と指導』（共著　一声社）
『あそび、友だち、はじける生活』（共著　大月書店）
『学童保育指導員ハンドブック』（共著　草土文化）
太子橋第二学童保育　〒535-0001　大阪市旭区太子橋2－4－3
ＴＥＬ　06-6953-0090

船越　勝（ふなごし　まさる）
和歌山大学助教授

〈編者〉
大阪保育研究所
〒546-0012　大阪市中央区谷町7－2－2－202
ＴＥＬ　06-6763-4381　ＦＡＸ　06-6763-3593

あそびなかまの教育力

2001年11月10日　初版発行

編　者　大阪保育研究所
著　者　札内　敏朗
船越　勝
発行者　名古屋研一

発行所　㈱ひとなる書房
東京都文京区本郷2－17－13
ＴＥＬ　03-3811-1372
ＦＡＸ　03-3811-1383

印刷・製本　モリモト印刷株式会社
＊落丁本、乱丁本はお取り替えいたします。